Le Cirque d'Hiver

Louis Sampion Bouglione
Marjorie Aiolfi

Le Cirque d'Hiver

Flammarion

- DIRECTION ÉDITORIALE -
Suzanne Tise-Isoré
- CONCEPTION GRAPHIQUE -
Lionel Puget
- CORRECTIONS -
Colette Malandain
- PHOTOGRAVURE -
GCS, Montreuil
- IMPRESSION -
Grafedit, Bergame

Code : FA0798-I
Dépôt légal : novembre 2002
ISBN : 2-08-010798- 4

26, rue Racine 75006 Paris

PAGE PRÉCÉDENTE : VERS 1952, DANS LA MÉNAGERIE DU CIRQUE D'HIVER, ÉMILIEN BOUGLIONE POSE POUR LE PHOTOGRAPHE RICHARD AVEDON, EN COMPAGNIE DU MANNEQUIN DOVIMA, DU CLOWN MYLOS (ÉMILE GRANDCAMP) ET DU SINGE PÉPÉ. APRÈS LA SECONDE GUERRE MONDIALE, LES PHOTOGRAPHES DE MODE VEULENT OPPOSER À LA RÉALITÉ DES RUINES LE SOUVENIR DES RÊVES D'EXOTISME. AVEDON COMBINE ICI LE TEMPS DE LA MODE, ÉPHÉMÈRE, À LA TRADITION DU CIRQUE ET DE SES HOMMES.

Sommaire

Préface

La mémoire est comme l'eau vive d'un ruisseau, elle ne se tarit pas tant qu'on la laisse vivre. Il en va de même de la tradition. Ce principe a nourri toute ma jeunesse, mes racines m'appellent à le perpétuer. « La tradition est un mouvement perpétuel, a écrit Jean Cocteau, elle avance, elle change, elle vit. La tradition vivante se rencontre partout. Efforcez-vous de la maintenir à la manière de votre époque. »

Lorsque les éditions Flammarion nous ont proposé d'écrire l'histoire du cirque d'Hiver, nous avons immédiatement accepté car c'est un projet que nous caressions depuis de nombreuses années. L'idée de faire un ouvrage avait souvent été évoquée, mais le moment n'était sans doute pas venu. J'ai souvent été frappé par le fait qu'aucun musée français n'a de conservateur spécialiste des arts du cirque. Pire encore, nous avons parfois la triste impression d'être les « parents pauvres » de la culture. Pareil ostracisme n'a pourtant jamais été pour nous un obstacle, tant nous sommes convaincus que le cirque est une vieille aventure exigeante et tenace qui ne s'improvise pas. Elle ne réclame, comme unique bonheur, que celui du spectateur qui lui donne vie. Cette année, les cent cinquante ans du cirque d'Hiver nous donnent l'occasion rêvée de lui consacrer un ouvrage. Nous avons puisé dans nos propres archives les éléments qui nous permettent de reconstituer son histoire, à travers les grands artistes qui y ont travaillé. Ainsi en va-t-il de notre famille qui occupe les lieux depuis 1934 en cherchant toujours à perpétuer la tradition des grands cirques du passé. En fait d'histoire, c'est une histoire d'amour qui lie le cirque à notre existence, habitués que nous sommes à vivre entre ses murs, comme dans une grande maison familiale. Telle une vieille dame, le cirque d'Hiver ne livre pas facilement ses secrets ; il ne se dévoile que pierre après pierre, livrant les phases de sa captivante épopée à ceux qui désirent l'écouter. L'artisan principal de son histoire demeure mon père, Émilien Bouglione, qui a toujours été fasciné par sa « maison ». Avec une passion dévorante, il a sauvé du feu et de l'oubli toutes les archives qui s'y rapportaient. Artiste à part entière, il appartient à l'histoire du cirque.

Page de gauche : Gros plan sur le costume de piste porté aujourd'hui par les Bouglione. Le spencer rouge, les galons dorés, brandebourgs et fourragères s'inspirent de l'uniforme de dragon de Philip Astley que ce dernier imposa à tous ses écuyers à la fin du XVIIIe siècle. Plus tard, les dompteurs et les régisseurs de piste devaient l'adopter.

Un jour, l'année de ses dix-huit ans, mon grand-père, Joseph Bouglione, lui demanda de jeter des cartons de documents empilés dans un bureau. Mon père les fouilla et resta fasciné par leur contenu : toute l'histoire du cirque Napoléon s'étalait devant ses yeux. Il les rangea immédiatement, conscient du trésor qu'il venait de sauver. Plus de cinquante ans après, il nous en parle encore souvent, et avoue que la découverte de cette parcelle de mémoire lui a enseigné à devenir un artiste authentique. « Avant, j'étais artiste par habitude ; après avoir découvert ces archives, j'ai appris ce qu'être artiste veut dire. » Cette révélation a changé sa vie, et a essaimé dans nos cœurs le goût de la connaissance de ce lieu mythique.

De Napoléon à Bouglione en passant par la grande direction des Franconi et de Gaston Desprez, nous convions désormais le lecteur à suivre l'ombre de ces grands hommes pour mieux comprendre le rayonnement actuel de cette institution parisienne. C'est dans cette architecture unique, au cœur de Paris, que les Bouglione perpétuent aujourd'hui la tradition du cirque. Découvrir les archives du cirque d'Hiver, c'est plonger dans le passé de ce lieu mythique, pour mettre en lumière le nom de célèbres familles, d'un siècle à l'autre. C'est faire un triple saut dans le temps, en compagnie de la famille Bouglione, dans les sous-sols et les greniers du Temple des arts du cirque. Écrire l'histoire du cirque d'Hiver, c'est parler de l'histoire de Paris, des arts et du génie des hommes. Comment ne pas avoir envie de suivre le sillage de ceux qui ont donné une âme à ces pierres ? Car si les années ont effacé le bruit des déambulations de Louis Dejean dans les coursives, le cirque d'Hiver continue de se construire, entre passé et modernité, fier de ses millions de visiteurs qui l'ont érigé en symbole, tissant sa renommée au fil des jours.

Nous devions au lecteur de faire naître les pages qui suivent, afin que la mémoire se transmette, que la tradition perdure et que chacun ait encore plus de plaisir à écouter battre l'âme de ces murs... afin que vive le cirque !

LOUIS SAMPION BOUGLIONE

PAGE DE GAUCHE : L'ART DE « PETIT GOUGOU » EST LA *COMMEDIA DELL'ARTE*. DEPUIS LES NOUVEAUX SPECTACLES BOUGLIONE (1999), IL INCARNE MONSIEUR BOUGLIONE, LE DIRECTEUR DU CIRQUE D'HIVER, ET APPARAÎT EN « FIL ROUGE » TOUT AU LONG DU SPECTACLE.

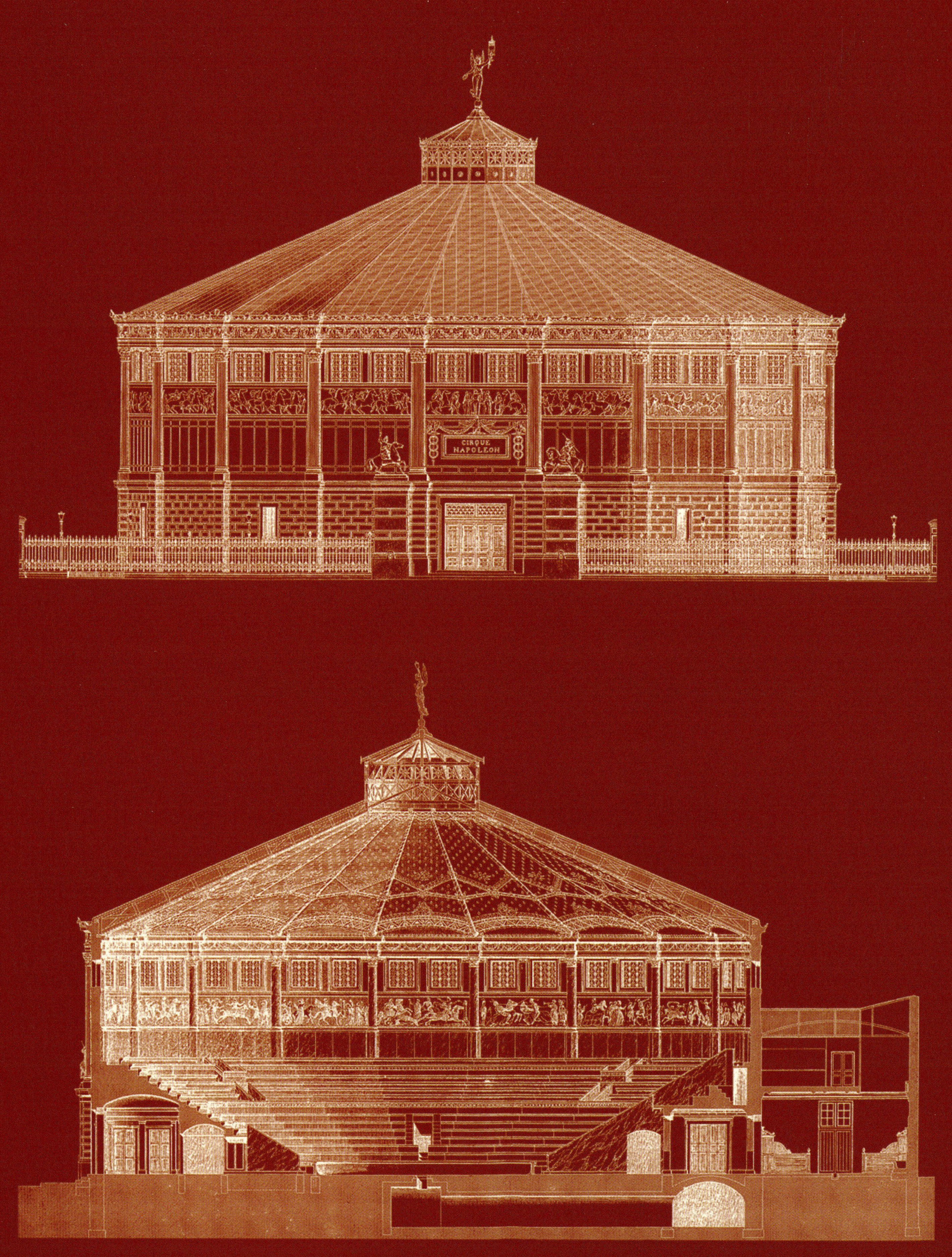
CIRQUE
NAPOLEON

CHAPITRE PREMIER

Les bâtisseurs de l'impossible

(1770 - 1873)

Ce 11 décembre 1852, alors que les derniers spectateurs rejoignent leur place, un homme robuste, à l'âme de bâtisseur, attend rêveur dans sa loge le début du spectacle. Deux larges favoris encadrent son visage. Cet homme, c'est l'architecte Jacques Ignace Hittorff. Il scrute du regard sa nouvelle œuvre parisienne. Une œuvre dont les ors et les velours sont dédiés au cirque, où les frises du plafond de style antique referment la salle en un écrin. Nous sommes sous le second Empire, c'est la première du cirque Napoléon ; une époque où le cirque était équestre et où l'on consacrait des temples à cet art.

« Bâtissez-moi là-dessus un cirque pour cinq mille spectateurs, une écurie pour deux cents chevaux, et arrangez-vous pour que tout cela soit un monument. »

Tel est l'ordre que lui avait lancé Louis Dejean (1786-1879) l'année précédente. Dejean, l'un des premiers grands directeurs du cirque français, lui avait alors montré les plans d'un terrain situé en plein centre de Paris ; balayant toute objection d'un revers de manche et avec un demi-sourire, il avait ajouté : « Je sais que c'est impossible, voilà pourquoi je vous le demande ! » Au soir de sa vie, penché sur son bureau, Hittorff avait dû concevoir un bâtiment qui pourrait accueillir la troupe d'artistes de Dejean. Ce bâtiment devait être à la mesure de l'estime et de l'amitié qui les liaient depuis la construction du cirque des Champs-Élysées.

Un léger bruissement tire Hittorff de sa rêverie : l'empereur Napoléon III rejoint sa loge, savourant les applaudissements du public. « Toutes les fées se seront penchées sur le berceau de ce cirque d'Hiver », pense Hittorff en se levant pour saluer l'empereur, précédé du duc de Morny. « Dieu nous l'a rendu », chante-t-on dans le sillage du nouveau souverain. En faisant surgir l'impossible hors de la terre, Hittorff et Dejean ignoraient que le bâtiment résisterait aux assauts de la guerre et de l'oubli, pour rester la mémoire et le refuge de la tradition du cirque, née à Paris sous le second Empire.

Ce soir-là, alors que s'éloigne la dernière calèche, Dejean déambule encore dans les couloirs de son nouveau palais. Fait officier de la Légion d'honneur par l'empereur, il va désormais ponctuer sa vie au rythme des spectacles. Ce sont les autres qui vont à présent courir les routes pour venir le voir.

L'empereur a depuis longtemps rejoint les Tuileries. Sans le vouloir, Dejean a suivi sa trace. Petit, les épaules larges, la figure forte et longue, au nez saillant et aux yeux clairs, Louis-Napoléon Bonaparte, au sang bouillonnant, a rompu les amarres du destin. Une seule ambition, la destinée impériale, en suivant le chemin des aigles plantées par son oncle Bonaparte sur tous les champs de bataille d'Europe. Mais le vrai combat de Louis-Napoléon est politique, la force armée ne doit s'exprimer que lorsqu'elle est nécessaire. Une fois de plus, sa ténacité paie, puisqu'il devient

Page de gauche : Plans en coupe du cirque d'Hiver, dessinés par Jacques Ignace Hittorff. **Ci-dessus :** Médaillon en stuc doré d'époque Napoléon III, placé au-dessus des portes des couloirs d'entrée au cirque.

prince-président à la croisée des baïonnettes. Dejean n'y est pour rien, mais il est dans ses pas ; lui aussi a voulu changer le destin. Son cirque d'Été est réquisitionné par la troupe pour y camper, le temps de rétablir l'ordre. Quoi de plus normal que d'y voir un bon présage ? Il s'empresse lui aussi de faire le siège de ce « diable d'homme » de Morny et lui explique son projet : édifier un cirque pour que sa troupe continue à émerveiller Paris pendant la saison d'hiver. Demi-frère de Louis-Napoléon et nouveau ministre de l'Intérieur, Morny, tout comme son proche parent, est toujours en quête de plaisirs et d'amours. Dejean finit par lui arracher la signature tant attendue. Dès qu'il l'a obtenue, il s'élance. Le cirque d'Hiver doit être un palais digne des *Mille et Une Nuits* et Hittorff semble être le seul à pouvoir donner vie à son rêve. Pendant ce temps, Louis-Napoléon parcourt la France pour y répandre ce mot d'ordre : « L'empire c'est la paix. » En décembre, l'empire est proclamé : par décision impériale, le cirque s'appellera cirque Napoléon. L'empereur vient l'inaugurer en personne. En dépit de l'inquiétude du préfet de police confronté aux problèmes de sécurité, toute l'aristocratie se presse sous les lustres illuminés du cirque, comme elle le fera pour la naissance du prince impérial, assurant la pérennité de la dynastie. On y fête aussi la v.ictoire des Aigles en invitant les valeureux soldats revenus de la bataille de Sébastopol... De fête en victoire, le cirque Napoléon entraîne sous sa coupole toutes les crinolines de l'empire.

Ci-dessous : Haut-relief sculpté par Bosio, d'époque Napoléon III. Il reprend le thème en façade d'Apollon et les Muses. Il est situé à l'intérieur du cirque, au-dessus de l'abreuvoir, près du bar de l'Impératrice. **Page de droite :** Lettre originale du 17 décembre 1851, signée par le duc de Morny, alors ministre de l'Intérieur, autorisant la construction du cirque d'Hiver. En fond, les nouveaux statuts de la Société des deux cirques, rédigés en 1852, à la suite de l'ouverture du cirque Napoléon.

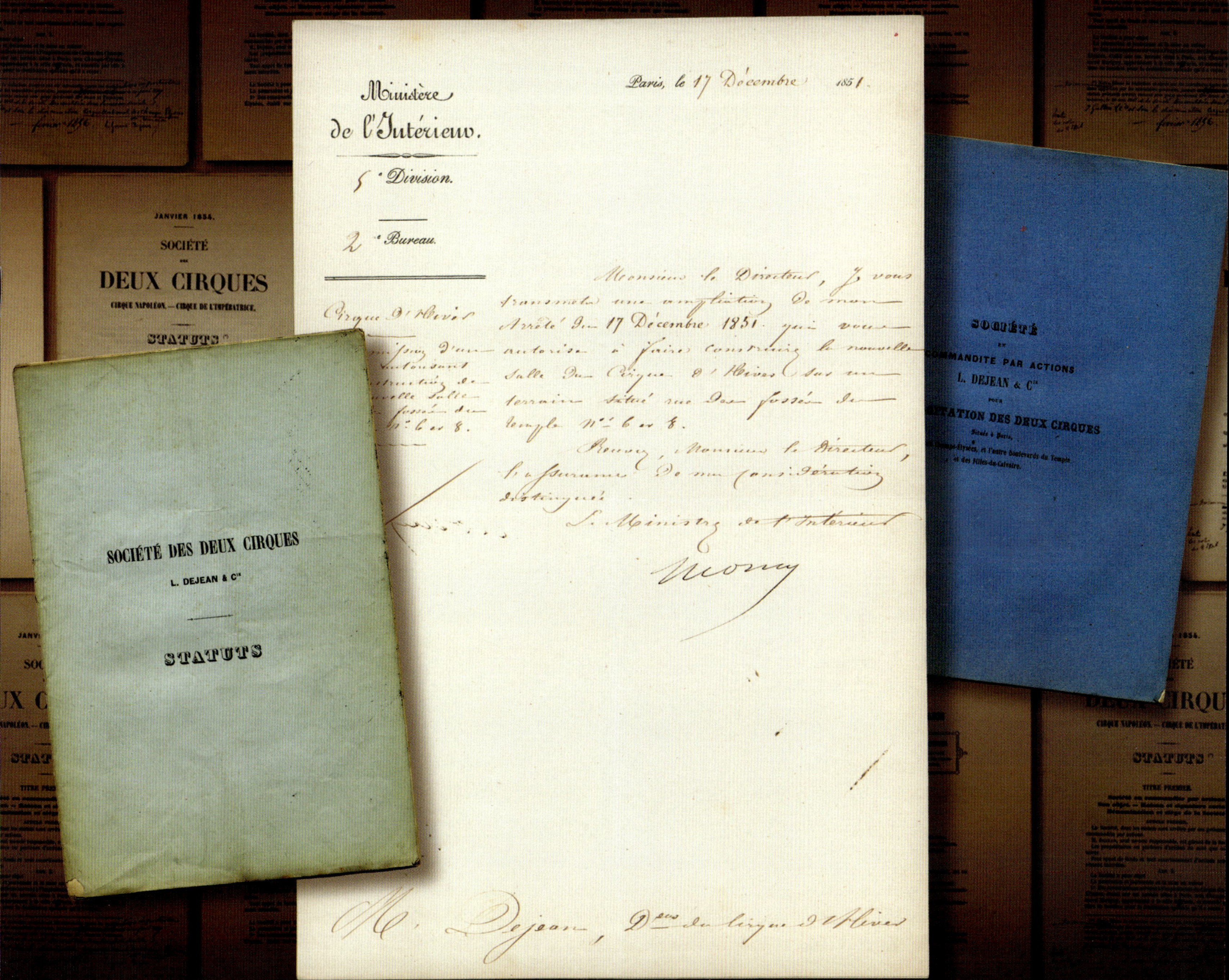

JANVIER 1854.

SOCIÉTÉ DES DEUX CIRQUES

CIRQUE NAPOLÉON. — CIRQUE DE L'IMPÉRATRICE.

STATUTS

Ministère de l'Intérieur.

5e Division.

2e Bureau.

Paris, le 17 Décembre 1851.

Cirque d'Hiver

…mission d'un … autorisant … struction de … velle salle … fossés du … Nos 6 et 8.

Monsieur le Directeur, Je vous transmets une ampliation de mon Arrêté du 17 Décembre 1851 qui vous autorise à faire construire la nouvelle Salle du Cirque d'Hiver sur un terrain situé rue des fossés du Temple Nos 6 et 8.

Recevez, Monsieur le Directeur, l'assurance de ma considération distinguée.

Le Ministre de l'Intérieur

Morny

M. Dejean, Dr du Cirque d'Hiver

SOCIÉTÉ DES DEUX CIRQUES

L. DEJEAN & Cie

STATUTS

SOCIÉTÉ EN COMMANDITE PAR ACTIONS

L. DEJEAN & Cie

POUR

…TATION DES DEUX CIRQUES

Situés à Paris,

…Champs-Elysées, et l'autre boulevards du Temple et des Filles-du-Calvaire.

Un cirque boulevard du Crime

« Le boulevard du Temple passe devant les rues Charlot et de Saintonge, il finit et change de nom à la rue des Filles-du-Calvaire », explique le guide du Paris de 1867 pour aider le promeneur à découvrir les lieux de spectacles de la capitale. Celui-ci sait-il qu'il se trouve alors dans le quartier dit de la Folie Méricourt ? C'est le quartier le plus populaire de l'actuel XIe arrondissement, lieu de divertissement ouvrier situé derrière l'ancien boulevard du Temple. C'est là que Louis Dejean décide de faire construire un cirque, en dépit du refus du ministère. L'administration lui interdit en effet de bâtir au cœur de Paris un cirque permanent en dur pour la saison d'hiver, en pendant du cirque des Champs-Élysées, construit pour la belle saison. Pourtant, en hiver, le site est boueux et peu praticable. Il est trop éloigné du centre-ville, et l'on dit même qu'il est dangereux de s'y promener le soir. Si Dejean ne veut pas perdre sa fortune, il doit pouvoir faire travailler sa troupe toute l'année, et non pas à mi-temps. Car en plus du matériel acheté et du coût de la location annuelle du terrain, il doit aussi s'occuper de ses chevaux dressés et payer à l'année sa troupe d'acrobates et d'écuyers même s'ils ne travaillent pas l'hiver – vu le risque de les voir un jour conclure un contrat avec des concurrents. Aussi, durant quelques années, il emmène sa troupe sur les routes étrangères : en Angleterre, en Belgique, en Allemagne et en Russie... Elle se fait remarquer pour la qualité et le luxe de ses costumes ainsi que pour sa musique. Mais le succès est éphémère et les tournées coûtent cher. Les animaux sont sans cesse exposés à l'inconfort du voyage, aux maladies et aux accidents. À Paris, les concurrents s'agitent pour créer à leur tour des spectacles équestres. Louis doit réagir vite s'il ne veut pas être ruiné. Souhaitant rester dans la tradition du Cirque olympique, tout en touchant un public plus large, il veut s'installer dans le quartier du faubourg du Temple, que l'on nomme alors le boulevard du Crime à cause de ses nombreux théâtres qui font réclame de leurs mélodrames. Curieux endroit en apparence que ce quartier populaire ; mais justement, il attire beaucoup de monde avec ses théâtres et ses baraques foraines. Or Louis Dejean veut offrir du rêve aux plus petites fortunes. Pour cette raison, il refuse le compromis qu'on lui propose au printemps 1851 : on lui accorde le permis de construire entre la Madeleine et la porte Saint-Denis. Dejean persévère... Avec le soutien précieux du duc de Morny, nouveau ministre de l'Intérieur et grand amateur de chevaux, il revendique un terrain vague dans l'ancienne rue Basse-du-Temple, et obtient l'autorisation de construire sur un terrain dénommé alors le « chantier du grenadier ». Lors de la construction du cirque d'Hiver les fouilles dévoilent l'origine du site : le « chantier du grenadier » s'appelait en fait le « chantier du réservoir ». En effet, tout le terrain faisait partie d'immenses marais appartenant au Grand Prieuré de France, où se trouvait, entre autres, l'ancien hôtel de l'Ardoise, dans lequel le père Joseph et la duchesse d'Aiguillon – nièce du cardinal de Richelieu – installèrent en 1633 les nonnes des Filles du Calvaire. En 1740, la ville avait acheté ce marais et l'avait transformé en réservoirs destinés à recevoir les eaux de Belleville et de Ménilmontant pour être redistribuées dans la capitale. L'hôtel fut abandonné puis détruit, et au fond de l'ancien fossé fut tracée la rue des Fossés-du-Temple qui, en 1860, devait prendre le nom

Double page précédente : Le cirque d'Hiver en 1871. L'établissement prend le nom de cirque national, mais la Victoire ailée couronne encore le haut du lanternon. **Ci-dessus :** Portrait de Napoléon III, devenu empereur des Français en décembre 1852. Paris semble rêver d'empire, parce que « l'empire c'est la paix », comme le dit lui-même l'empereur. **Page de droite :** Détail de la façade du cirque d'Hiver, rue des Filles-du-Calvaire, au-dessus de l'entrée principale.

CIRQUE
D'HIVER

de rue Amelot. Ironie du sort, quelques mois avant que Dejean l'acquière, le terrain est loué à la ménagerie du capitaine Massilia, que ce même Dejean avait expulsé du Carré Marigny parce que les rugissements des lions effrayaient ses chevaux. Cet emplacement tant convoité, Dejean l'obtient le 17 décembre 1851, soit quinze jours après le coup d'État du 2 décembre, et les travaux commencent le 15 avril 1852. Mais le terrain est loin d'être parfait : il n'a pas assez de profondeur pour permettre des dégagements suffisants à un édifice de spectacle et le sol n'est pas au niveau de la chaussée ; enfin, Dejean ne pourra pas agrandir son terrain en détruisant les masures attenantes car elles sont trop chères pour qu'il en envisage le rachat. Ces inconvénients majeurs risquent de modifier l'architecture du futur cirque. Parviendra-t-il malgré tout à réaliser son œuvre ? Peut-être, s'il sait s'assurer le concours d'un architecte génial...

Hittorff et le pari de la modernité

Afin d'intégrer le cirque d'Hiver dans le tissu urbain déjà dense de la capitale, Louis Dejean n'a pas hésité à réemployer l'architecte qui lui a construit son cirque des Champs-Élysées. Pour Jacques Ignace Hittorff, la polychromie est le combat de son existence, et il l'érige fort tôt en idéal artistique. La polychromie souligne la structure, comme elle le faisait sur les temples helléniques. Cela fait de lui un architecte de la modernité, à une époque où celle-ci est représentée par l'architecture grecque aux dépens de la romaine passée de mode. En 1810, la tête débordante de projets, Hittorff quittait sa ville natale de Cologne pour se rendre à Paris et achever sa formation. La Halle au blé est son premier chantier. Il y apprend les techniques de la construction métallique, méthode appréciée pour sa modernité depuis sa présentation à l'Exposition universelle de Londres en 1851, au Crystal Palace, ce pavillon de verre sur armature de fer. Après 1815, Hittorff organise les fêtes et cérémonies de la cour avec l'architecte des Menus-Plaisirs du roi Charles X. Pour ces décors éphémères, le carton-pâte et la peinture illusionniste sont alors très utilisés, et inspirent sans doute Hittorff dans ses réalisations de décor antique. Intéressé par les récentes découvertes archéologiques, il part pour l'Italie étudier les monuments de l'Antiquité et révèle à l'Europe fascinée que les temples des cités grecques n'étaient pas blancs, tels qu'on les voit, mais peints à l'intérieur comme à l'extérieur ! Sa théorie reconnue, l'architecte

décide d'appliquer ce principe d'architecture aux monuments qu'il construit à Paris après 1830. Il cherche l'harmonie parfaite entre l'architecture et le décor, notamment pour le cirque des Champs-Élysées qu'il insère comme un écrin au milieu d'une grande avenue arborée dotée de fontaines, de cafés et de salles de jeu. Louis Dejean suit au jour le jour l'avancement des travaux. Le commanditaire rejoint l'architecte dans son désir de donner à Paris un style moderne en s'inspirant de nouvelles formes en couleurs : un porche, un fronton, le nom de l'établissement gravé sur le linteau. Le cirque des Champs-Élysées devient le prototype du cirque stable en France. Au même titre que la gare, lieu d'évasion, témoin de la révolution industrielle et du progrès technologique, le cirque parisien trouve sa place dans les institutions du XIXe siècle.

Ci-dessus : Métope sculptée de l'entablement de la façade du cirque illustrant la déesse Minerve, connue pour avoir développé l'intelligence du cheval. **Page de droite :** Éléments d'architecture dessinés par Hittorff pour le cirque d'Hiver. L'influence de la Grèce prédomine.

Revue Générale de l'Architecture et des Travaux Publics. — 4, Rue de Furstemberg. Paris.

Dirigé par Mr CÉSAR DALY, architecte.

Vol. 12. Pl. 41.

J.I. Hittorff del. Bury et J. Sulpis sc.

CIRQUE NAPOLÉON.

PAR Mr J. I. HITTORFF, ARCH.

Membre de l'Institut de France.

Imp. de Lesauvage, r. des Noyers, 31. Paris.

Un ciel privé de soleil

Nommé architecte en chef de la Ville de Paris, Hittorff dispose d'une superficie totale de 2 640 mètres carrés pour adapter le plan de son cirque des Champs-Élysées au site exigu du boulevard des Filles-du-Calvaire. Dès le début des travaux, on découvre agonisant sur les lieux un jeune griffon, que les ouvriers nomment « Chapiteau ». Adopté par toute l'équipe, il est nourri et demeure le protégé de tous. Lui chasse les intrus de ses grognements et, en donnant l'alerte, empêche la propagation de deux incendies ! Il trouve asile chez Louis Dejean jusqu'à la fin de sa vie, pour ses loyaux services. Il était temps de lui rendre hommage, à lui comme à tous les ouvriers qui édifièrent le cirque d'Hiver en moins de dix mois...

Le plan doit permettre d'accueillir 3 900 spectateurs dans un édifice de 42 mètres de diamètre. À l'extérieur, en façade de l'entrée principale, le spectateur est accueilli par deux statues équestres en fer de fonte de James Pradier : une amazone et un guerrier antique achevé par ses élèves Francisque Duret et Bosio, toutes deux érigées à la gloire de l'art équestre. Pour Dejean, l'amazone incarne l'écuyère glorifiée et rappelle les débuts de la femme au cirque, au temps des Franconi. Au-dessus, des colonnes corinthiennes et des arabesques simulent l'entrée d'un temple. Dans le décor environnant, l'évocation de la Grèce prédomine, rappelant que Neptune créa le cheval et que Minerve développa son intelligence. Car si Neptune est bien le dieu de la Mer, c'est lui qui fit don à l'homme du premier cheval. La frise continue en bas relief, attribuée à Duret, Bosio, Lequesne et Dantan, figure des personnages dans une saynète racontant la naissance mythique du cheval et comment il fut dressé. Le sommet de l'édifice porte une lanterne, percée de croisées à vitraux de couleur dessinant des étoiles. Au-dessus de la lanterne, une figure du sculpteur Bosio, en bronze doré, représente Niké, la Victoire. L'ensemble a disparu. Autour du bâtiment, la couleur marque les divisions de l'architecture ; le jaune, le rouge et le bleu sont appliqués à la peinture à l'huile, ce qui oblige à repeindre le cirque chaque printemps ! Mais si le soleil italien accuse naturellement les reliefs et les creux des monuments, il faut au contraire de la couleur à Paris pour que les formes se découpent sur un ciel privé de soleil. De plus, les couleurs vives tranchent sur le fond de grisaille des maisons environnantes, attirant inévitablement les regards.

Ci-dessus : Vue aérienne du cirque d'Hiver. Il est séparé des habitations voisines par deux cours asphaltées, fermées de grilles. Derrière le cirque, on trouve les loges des artistes et les magasins de costumes. Les bâtiments annexes se regroupent 6*bis*, rue de Crussol, et servent de coulisses à l'entrée des artistes. La cour aujourd'hui couverte servait autrefois à l'entreposage du fourrage, au pansage et à la promenade des chevaux.

Dieu nous l'a rendu

« Dès qu'on eut la certitude que le 16 octobre était le jour fixé pour la rentrée du prince-président, et que son cortège suivrait la ligne des Boulevards, M. Dejean donna les ordres nécessaires pour qu'au moins la partie de l'édifice ayant vue de ce côté pût être entièrement démasquée lors du passage du futur empereur. »
Si la construction du cirque fait la bonne fortune de Louis Dejean et accroît sa réputation par le travail qu'elle procure à plus de trois cents familles et à tous les petits métiers de Paris, elle sert également la propagande du futur empereur en campagne qui se dit l'« ami des travailleurs ». Aussi Dejean en profite-t-il pour exploiter son chantier à des fins publicitaires. À l'occasion du retour de Louis-Napoléon dans la capitale, Paris a édifié des arcs de triomphe provisoires. Dejean décide de faire construire le sien en face du cirque : il pense ainsi s'attirer les bonnes grâces du candidat et trouver auprès de lui un appui politique. C'est ainsi que, le 16 octobre, tous les échafaudages ont disparu du côté des Grands Boulevards. Le cirque d'Hiver est décoré aux couleurs nationales. Au moment où le prince-président apparaît, Dejean n'hésite pas à monter au sommet de la lanterne et à hisser une oriflamme tricolore. Tandis que l'arc de triomphe, surmonté d'une grande aigle impériale, porte en lettres dorées : « Napoléon III, les ouvriers du cirque » ; les quatrains qui suivent parlent au nom du peuple parisien qui salue le retour de l'empereur et lui demande de préserver la capitale « de la honte et du malheur » en luttant pour le progrès et en faisant revenir l'aigle exilée.

Le chantier s'achève avec la proclamation de l'empire le 2 décembre 1852. De nouveau, Dejean saisit l'occasion et consacre le cirque d'Hiver comme le premier monument civil achevé sous le règne de l'empereur. Le lendemain, ce dernier l'autorise à baptiser sa salle cirque Napoléon, comme en témoignent les archives inédites du cirque d'Hiver. Hittorff s'empresse de commander les trophées et les aigles qui vont encadrer son nom sur l'entrée principale du cirque, comme un don protecteur pour le bâtiment. Ne dit-on pas alors que le nom même de Napoléon porte bonheur à ceux qui l'adoptent ?

Le soir de la première, le 11 décembre 1852, Napoléon III entre sous la coupole aux soleils artificiels, tandis que le reste de la salle reste plongé dans la pénombre des bougies. Un artiste lyrique entonne un chant composé

Ci-dessus : Fragment de la frise continue « à la Grecque » ceinturant le cirque, illustrant le dressage du cheval par les Grecs. La frise montre ici des exercices équestres contemporains scandés par les jeux antiques donnés en l'honneur d'Hercule.

spécialement par Vilain de Saint-Hilaire, membre du comité de direction de la Société de gérance des deux cirques. Il s'intitule *Dieu nous l'a rendu*, et sous-entend que c'est Dieu qui a rendu l'empereur à son peuple. Tout le Paris mondain est présent. Comme chez les anciens Grecs, où l'on passait du porche à l'espace sacré du temple, le spectateur des places de première passe solennellement entre les deux statues équestres de l'entrée avant de se retrouver au cœur du cirque. Mais plus qu'un temple, c'est un palais qui accueille le souverain. Et Vilain de Saint-Hilaire de s'exclamer : « Je croyais qu'on ne voyait de semblables merveilles que dans *Les Mille et Une Nuits* ! » En effet, une fastueuse décoration accueille le visiteur, depuis la riche véla peinte de la salle imitant celle de l'Antiquité – cette immense toile d'étoffe tendue destinée à protéger de la pluie et du soleil les spectateurs des cirques – jusqu'à l'énorme lustre entouré de vingt lustres plus petits, répandant leur lumière sur les sièges tapissés de velours rouge et les banquettes en acajou. Les matinées se jouent en lumière naturelle grâce aux ouvertures en hauteur. De nombreux escaliers, appelés les « vomitoires », aboutissent à la salle pour faciliter la circulation du public. La couleur règne en maître : le mur intérieur de l'enceinte possède un soubassement en marbre vert d'Italie et d'Égypte, les colonnes sont en marbre jaune et les croisées des fenêtres ont des vitraux de couleur. Mais surtout, ce que le visiteur remarque au premier coup d'œil – et qui distingue ce cirque de tous les autres –, ce sont ses murs ornés de vingt fresques réalisées par Félix Joseph Barrias, grand prix de Rome, et par le coloriste Nicolas Louis Gosse ; elles reprennent le thème évoqué sur la frise extérieure et content l'histoire de l'équitation, de l'Antiquité à nos jours. La composition se lit en partant de l'entrée principale et en faisant face à l'orchestre. Des Grecs à Adolphe Franconi, on y voit les principaux écuyers, alors que le dernier tableau réunit la Victoire couronnant la Force et l'Adresse, en présence des spectateurs de tous les temps et de tous les pays. C'est le rêve que fait chaque jour Louis Dejean en montant ses spectacles.

Ce soir-là, Adolphe Franconi, le chef de manège, est encadré de tous ses écuyers. L'orchestre se compose de cinquante musiciens gantés de blanc. Quant aux artistes, Dejean n'a choisi que les meilleurs. Ainsi en est-il de Jean-Baptiste Auriol, le premier grand clown français, équilibriste et funambule. En première partie de cette mémorable soirée, l'empereur et sa cour apprécient le numéro des « Frères Léonard » : les jeunes Jules

CI-DESSUS : FRAGMENT DE LA FRISE CONTINUE CEINTURANT LE CIRQUE, ILLUSTRANT APOLLON ET LES MUSES.

et Théodore, habillés en petits Chinois, exécutent une superbe voltige. Ils sont les fils de l'excellent écuyer Houcke, fondateur de la célèbre dynastie qui continue aujourd'hui une carrière internationale exemplaire et que l'on retrouve avec des fauves cent ans après au cirque d'Hiver en la personne de Gilbert Houcke. Mais le spectacle est essentiellement équestre, et c'est sous le regard bienveillant de François Baucher, artiste de haute-école, que se produisent Mlle Léopoldine Guertener, fille d'un célèbre écuyer allemand, avec un numéro de banderoles à cheval, l'écuyère Paule Seigneurie et les as des poignards, et Marie Lidert dans une danse à élévations. L'entracte est annoncé par les écuyers de la troupe de Baucher dans un « assaut des voltigeurs ».

Ci-dessus : Statue équestre de guerrier antique sculptée par James Pradier et achevée par son élève Francisque Duret. Elle est placée à l'entrée du cirque d'Hiver, en pendant à une amazone ; elles signalent que ce lieu fut d'abord le Temple des Arts équestres.

Le cirque commence à cheval[1]

En 1852, le Tout-Paris s'enthousiasme pour deux grands événements : l'ouverture du premier grand magasin Le Bon Marché et celle du cirque d'Hiver. Un murmure salue le souffle de la modernité : on est bien entré dans le second Empire ! Cirque et grands magasins : deux lieux où il convient d'aller en famille pour y découvrir les nouveautés de la capitale. C'est l'époque où le cirque « en dur » devient un lieu mondain où se rencontrent dandys et jolies femmes. C'est aussi dans ce sanctuaire du cheval et de l'écuyère que s'opère la fusion entre la tradition militaire des exercices équestres et l'esprit du cirque forain.

Remontons un peu dans le temps. À Paris, dans les années 1770, le boulevard du Temple devient la promenade à la mode où s'installent les lieux de spectacle. On ne parle pas encore de cirque, et ce sont les cafés et les théâtres qui divertissent les Parisiens. Le seul établissement qui s'en rapproche est le théâtre de Nicolet. Dirigé par le fils d'un Arlequin, il évolue d'abord vers la pantomime, pièce muette où s'exhibent funambules, sauteurs et singe savant issus du monde forain. Puis il met en scène des comédies avec de véritables acteurs et des décors. Beaucoup d'entre eux se retrouveront ensuite dans les cirques. À Paris, depuis longtemps, le spectacle n'est pas seulement sur scène ; il continue sur les Boulevards où l'on applaudit les équilibristes et les avaleurs de sabre. Mais avec Nicolet le spectacle de rue, gratuit, se transforme en un spectacle payant joué dans un lieu clos.

Dans les mêmes années, l'évolution touche aussi Londres. Philip Astley (1742-1814), un ancien sergent-major de cavalerie britannique, se reconvertit dans le spectacle. Souhaitant populariser les manœuvres militaires, il forme une compagnie d'écuyers-acrobates et construit son premier amphithéâtre. Le matin, il donne des leçons d'équitation sur la piste. L'entrée est payante, et pour attirer un large public il agrémente bientôt ses numéros équestres d'autres exercices de danseurs de corde et d'acrobates. Le cirque entre à cheval dans l'histoire, comme parfois les anciens suzerains avaient le droit d'entrer sur leur monture dans les églises. Marie-Antoinette, reine de France, mande en personne M. Astley au château de Fontainebleau. La reine est passionnée d'équitation et souhaite découvrir cet Astley dont on parle tant à Londres. Cette rencontre est une aubaine pour l'ancien sergent-major et, à la fin de cette démonstration, il décide de faire connaître ses exercices équestres en France. Il commence en 1783, faubourg du Temple, dans ce quartier que, soixante ans plus tard, Louis Dejean va choisir pour y implanter le cirque d'Hiver.

Le « cirque » parisien d'Astley met la piste à l'honneur. La piste c'est cette arène, ce cercle qui devient la composante fondamentale de ses spectacles. Il y joue tous les soirs à la lueur des chandelles, pour le plus grand plaisir de cette nouvelle bourgeoisie qui, comme le cirque, vient de s'imposer dans la France post-révolutionnaire. La piste se met au service du « cheval de voltige » : l'écuyer se tient debout, en équilibre sur sa monture, et il y exécute des figures acrobatiques. La forme ronde de la piste autorise certains exercices de voltige équestre, grâce à la position légèrement inclinée qu'adopte le cheval en tournant. Une dizaine d'années après l'apparition, dans Paris, de cette nouvelle forme de spectacle, les théâtres commencent à s'inquiéter de la concurrence qui leur est faite. D'origine aristocratique et d'esprit militaire, les premières représentations de cirque connaissent un grand engouement parmi les classes moyennes et battent en brèche les représentations théâtrales. Mais bientôt Philip Astley doit quitter Paris pour Londres, les combats faisant rage entre la France révolutionnaire et l'Angleterre dynastique. Tous les ressortissants anglais sont contraints de quitter le territoire français. La salle parisienne d'Astley reste vide.

1. Expression célèbre d'Adrian, historien du cirque.

Page de gauche : Écuyer de haute-école. Famille Rancy. L'ancêtre, Théodore, a créé son premier cirque en 1856 et est passé maître dans les évolutions équestres. Dès le début, les écuyers incarnent l'aristocratie du cirque. Leurs costumes sont souvent des uniformes remontés avec fantaisie. **Double page suivante :** Henri Rancy et la cavalerie du cirque Fratellini, en 1932.

Pourtant le cirque est devenu un spectacle à la mode. Son concept se transmet aux nouveaux Astley français : la famille Franconi, première grande dynastie de cirque équestre en France. En 1793, ils reprennent la direction de la salle de spectacle d'Astley, rebaptisée pour la circonstance l'amphithéâtre Franconi. Le fondateur, Antonio Franconi (1737-1836) s'y installe et lance ce qui va devenir la spécialité de son amphithéâtre : « les gloires militaires », saynètes où les exercices équestres sont au service d'une trame historique. Il ne s'en tient pas là et aborde aussi la pantomime comique. Ainsi, en 1797, marie-t-il l'esprit du cirque et celui du théâtre dans l'un des premiers mimodrames : *Rognolet et Passe-Carreau* ; c'est l'histoire d'un tailleur qui ne sait pas monter à cheval et provoque une cascade burlesque de chutes et de galopades.

Dans son temple, Antonio accueille une clientèle provenant de la petite bourgeoisie émancipée qui découvre avec bonheur l'art équestre. Le bâtiment se transforme. Antonio ajoute trois étages de loges pour les artistes et un café pour faire de ce lieu un endroit confortable et attrayant. Le cirque moderne est né. Jusqu'en 1802, Antonio et ses fils – Laurent et Henri – partagent leur travail entre l'amphithéâtre du faubourg du Temple et leur établissement d'exercices d'équitation, de voltige et de danse équestres, à Rouen. Mais cette même année survient un coup de théâtre ! Astley revient à Paris après le traité d'Amiens qui a établi une trêve entre la France et l'Angleterre. Il récupère son établissement et les Franconi doivent déménager. Ils sous-louent un terrain et un logement dans les dépendances de l'ancien couvent des Capucines, à l'emplacement de la rue Napoléon. C'est alors un lieu très fréquenté, dont les jardins ont été transformés en promenade et le couvent en théâtre. Les Franconi nomment leur manège le Théâtre d'équitation, mais ce dernier doit fermer lors du percement de la rue de la Paix en 1807.

Nouveau déménagement pour la rue du Mont-Thabor. La famille Franconi y construit son premier Cirque olympique, une salle de 1 200 places disposant d'une piste de cirque devant la scène. Pour la première fois en France, le mot « cirque » désigne une architecture avec scène et piste.

En 1807, la pantomime militaire revient à la mode. Une fois les exercices équestres terminés, la piste se convertit en parterre où l'on se tient debout ou assis ; et en stalles d'orchestre où sont jouées des féeries chantant les victoires napoléoniennes. Après 1820, on assiste à des pièces de bravoure avec combats et musique militaire au milieu de 800 figurants et des artistes de la troupe.

Page de gauche : Écuyer dans un spectacle équestre de Philip Astley. **Ci-dessus :** Gravure de Carle Vernet. Numéro de voltige équestre par Laurent Franconi, gravure anonyme hollandaise du début du XIXe siècle.

C'est le début du « mimodrame militaire », genre illustré alors par des pièces muettes mises en scène par Ferdinand Laloue, un ancien journaliste devenu réalisateur de ces tableaux à sensation. En 1816 il se produit un nouveau renversement de situation : les Franconi récupèrent l'établissement d'Astley. Le deuxième Cirque olympique est né. En 1821, la scène est agrandie, les banquettes changées, le chauffage amélioré... Et les ouvreuses font la promesse touchante d'être honnêtes et polies toute l'année. Le cirque brûle en 1826, et sa reconstruction boulevard du Temple possède les caractéristiques qu'auront tous les cirques en dur : la salle des machines est séparée de la salle des spectacles et les pompiers doivent être présents pendant les représentations. C'est l'une des premières fois que des mesures de sécurité sont prises dans un établissement de spectacles. Le troisième Cirque olympique est doté de mécanismes qui émerveillent les foules, attirant un public varié, dont la bourgeoisie opulente du Marais. Honneur au cheval, en façade trône la réplique des « Chevaux » de Marly. Après avoir connu de retentissants succès, le cirque des Franconi se retrouve au bord de la faillite ; en 1835, Adolphe, le fils d'Antonio, cède son privilège d'exploitation à Louis Dejean, à condition que ses pièces soient précédées et entrecoupées de scènes équestres.

Louis Dejean a commencé sa carrière comme garçon boucher. En 1811, il a racheté la boucherie avec ses

Double page précédente : Écuyer de haute-école (seconde moitié du XIXe siècle). Le cheval resta pendant longtemps le symbole du cirque et le sujet de prédilection de la photographie. Le plus ancien tirage connu n'est-il pas un cheval ? (1825, Nicéphore Niepce). **Ci-dessus :** Spectacle équestre donné au cirque d'Hiver, en présence du clown sauteur Jean-Baptiste Auriol et de Monsieur Loyal. La salle accueille les crinolines de la bourgeoisie parisienne (après 1860).

économies et l'a fait prospérer. Ayant investi dans l'immobilier, il est devenu marchand de biens et a acquis des terrains, dont un boulevard du Temple, en 1826. L'année suivante, les Franconi le lui ont loué afin de construire le troisième Cirque olympique. Quand Adolphe Franconi fait faillite en 1835, Dejean acquiert la salle et ses dépendances. Il garde à ses côtés Adolphe Franconi, engage Ferdinand Laloue – qui va devenir, on l'a vu, l'homme des pantomimes – et rend au Cirque olympique sa prospérité perdue. Singulier destin que celui de cet homme qui devient directeur de cirque à l'âge de cinquante ans. En mai 1835, Dejean obtient l'autorisation d'installer un autre établissement sur les Champs-Élysées. Il ne s'agit plus d'un Cirque olympique ou d'un amphithéâtre. Le chapiteau de toile arbore simplement ces six lettres : Cirque. Situé sur un terrain appartenant à la ville, près de l'actuel théâtre Marigny, il est destiné à remplacer une fête foraine permanente. Le cirque reçoit le privilège exclusif de l'art équestre, autrement dit celui d'être le seul établissement à présenter des exercices à cheval. Dans le sillage d'Astley, Louis Dejean y montre également des numéros dits « de curiosité ». Construit en dur en 1841, le bâtiment adopte la forme d'un polygone à seize côtés et se pare d'une décoration fastueuse. Le fronton, d'inspiration grecque, s'orne d'une statue équestre réalisée par James Pradier : une amazone à bonnet phrygien dont le modèle est la célèbre écuyère Antoinette Lejars. De conception exemplaire, le cirque de Louis Dejean trouve rapidement des répliques en France et à l'étranger, tel le cirque de la Friedrichstraße à Berlin, commandé par Dejean lui-même en 1850, et le cirque d'Hiver en 1852... Pour la première fois en France, la piste fait 13 mètres de diamètre et s'accompagne d'un amphithéâtre et d'un déambulatoire qui peut accueillir 3 000 spectateurs ! L'aristocratie rejoint les gradins et l'on y voit souvent les membres du Jockey-club, « cette jeunesse dorée, aux cheveux lustrés, la canne au pommeau d'or... » qu'on appelle alors les « lions » parce que dès que commence le spectacle « leurs crinières ondoient, retombent, se hérissent... » ! Cet établissement des Champs-Élysées est bien vite nommé cirque d'Été du fait de sa programmation de mai à octobre. Pourtant, dès 1844, craignant la concurrence parisienne de plus en plus forte, Dejean cède la gérance de la société par actions du Cirque olympique et du cirque des Champs-Élysées à Jules Gallois, un restaurateur amateur de spectacles. Ce dernier est sans doute meilleur patron de restaurant que directeur de cirque : trois ans plus tard, il mène à la ruine le cirque d'Été. Louis Dejean en reprend alors la direction, tandis que Jules Gallois revend ses actions pour éponger ses dettes. En plus de ses problèmes financiers, Dejean se trouve confronté à une concurrence de plus en plus âpre. Victor Franconi a créé l'hippodrome de l'Étoile, en 1845. C'est le premier hippodrome moderne français, qui intègre à la forme ovale une piste circulaire centrale de 15 mètres de diamètre et un orchestre. Dejean ne peut rivaliser avec ces spectacles grandioses. Quelques numéros éclairent encore la piste du Cirque olympique avant que le destin n'emporte ses créateurs : une épidémie de choléra tue Laurent puis Henri Franconi en 1849, et le Cirque olympique est vendu pour devenir un théâtre populaire. De ce temple dédié au cheval, il ne reste alors que l'enseigne.

Ci-dessus : numéro équestre de dressage de pigeons et de corbeaux, au XIXe siècle. Dès 1783, les Franconi présentaient des oiseaux apprivoisés. Mais les corbeaux sont plutôt rares sur la piste.

Mme De Laszewska.
Ed. Radermacher
ROTTERDAM
KRUISKADE 20.

ENDREY. PARIS

Les arts équestres au cirque

Les origines des exercices équestres sont militaires : on le voit dans la nature des numéros mais aussi dans les costumes. Dans la deuxième moitié du XVIIIe siècle, Philip Astley portait en piste son uniforme de dragon : le spencer rouge, la culotte de peau blanche et le bicorne à plumet posé sur ses tresses poudrées. Cet uniforme inspire alors beaucoup d'artistes de haute-école, dans des numéros académiques proches des exercices réalisés à l'École militaire de Saumur. Les écuyers portent toujours cette tenue sous Antonio Franconi, le fondateur de la dynastie du cirque français, et le personnage appelé « Monsieur Loyal », le maître de manège, s'en est inspiré par la suite.

Mais c'est Laurent Franconi qui, vers 1840, lance véritablement la mode de la haute-école. « La Majesté à cheval », comme on le surnomme, maîtrise tous les exercices équestres avec sa redingote bleu de France, son pantalon à sous-pieds et son haut-de-forme gris perle. Dès 1845 à l'hippodrome de l'Étoile, il popularise les grandes batailles napoléoniennes dans de somptueux spectacles. On y joue des pantomimes militaires à la gloire de l'empire, avec des centaines de figurants et de chevaux, alors même que la presse fait de cet l'hippodrome le « théâtre le plus républicain au monde » ! En 1852, à la première représentation du cirque d'Hiver, Adolphe Franconi, le petit-fils d'Antonio, maître de manège, porte encore la redingote sur sa chemise à plastron, tandis que François Baucher a l'air d'un général en bicorne. Baucher (1797-1873) est le maître de la haute-école. Il connaît la consécration au manège du Carré Marigny, puis au cirque des Champs-Élysées – dès 1835 – grâce à son cheval Partisan, un pur-sang plein de fougue ayant appartenu à un capitaine des spahis. Baucher dit de Partisan que c'est une œuvre d'art précieuse, façonnée pour une destination spectaculaire. Les adeptes du « bauchérisme » lisent avec attention ses méthodes de dressage appliquées aux chevaux intraitables, et l'homme acquiert ainsi une solide réputation. En 1852, il devient régisseur de piste au cirque Napoléon. Il n'hésite pas à porter le costume de piste pour se mettre à l'« arrière », autrement dit à l'entrée des artistes, afin de vérifier le bon déroulement du spectacle. Mais la chute d'un lustre en 1855 l'immobilise pour une année.

Page de gauche : De grands artistes équestres présents sur la piste du cirque d'Hiver au XIXe siècle. **De haut en bas, de gauche à droite :** Madame Laszewska ; Albert Rancy ; les Pierantoni, double Jockey... et Raoul Jouin, dit Coco. Écuyer au Nouveau Cirque, il plongeait avec son cheval dans la piscine lors des pantomimes nautiques. Il devint ensuite auguste, vers 1905. Après 1935, il accepta une place d'auguste de soirée au cirque d'Hiver. **Ci-dessus :** Ernest Molier, passionné d'art équestre et élève chez Franconi, créa le cirque Molier vers 1880. Appelé « cirque d'amateurs », il reçut d'excellents cavaliers amateurs.

Ce sera la dernière fois qu'il apparaîtra en piste, mais il continuera à donner des cours d'équitation et de dressage aux Cent-Gardes, garde personnelle de Napoléon III casernée à Versailles. C'est également sous les Franconi que la femme prend son envol dans le nouveau temple dédié au cheval. Elle s'intègre aux spectacles en personnifiant l'écuyère, fragile et gracieuse. Les exercices sont ainsi plus attrayants : souvent vêtue d'une jupe longue et de bottes, l'écuyère, montée en amazone sur son cheval, porte le chapeau haut de forme à voile vaporeux. La première écuyère de haute-école dans un cirque est Caroline Loyo, employée vers 1833 chez les Franconi. Elle fait rêver les hommes et inspire la littérature romantique ainsi que la mode de l'époque. En 1839, la pièce *Les Dames colonelles* est montée à Paris. Dans ce spectacle, Antoinette Lejars porte le costume de colonel des hussards constitué d'une pelisse – veste courte à brandebourgs –, bordée de fourrure et posée sur l'épaule, d'un dolman – veste courte à col officier – et d'un shako, la coiffe à plumet des hussards. À la même époque, Pauline Cuzent et d'autres écuyères adoptent cette tenue, encore portée à l'aube du XXe siècle par le couple Laszewski. De nos jours, l'esprit du costume de haute-école n'a guère changé : la coupe militaire s'impose pour les hommes, même si le nœud papillon remplace souvent la cravate. Émilien Bouglione troque le costume de l'écuyer contre le col roulé noir, mis à la mode vers 1955. De même, renonçant aux costumes retaillés par la costumière du cirque d'Hiver, il se fait habiller par des créateurs comme Paco Rabanne. Les femmes montent le plus souvent comme les hommes, même si Sabine Rancy chevauche parfois en amazone, dans la tradition d'une robe longue à volants. Tout récemment, lors du dernier spectacle *Trapèze* en 2001, Régina Bouglione s'est montrée en corsage bouffant et pantalon de cuir. Déjà à l'époque d'Astley, il existait des cavaliers appelés « voltigeurs », mais ils n'avaient pas de formation acrobatique. Dans la voltige, le cheval adopte un pas régulier autour de la piste, tandis que l'écuyer exécute des acrobaties, tels des sauts périlleux, et des équilibres sur le dos et la croupe du cheval. C'est Laurent Franconi, artiste complet, qui, vers 1820, a développé l'art des pyramides à cheval, opérant une fusion entre l'écuyer et le gymnaste. Peu après, certains artistes réussissent le double saut périlleux sur la selle de bois, alors que se développe la comédie équestre avec des changements de costumes au cours du numéro. Mais ce sont les Américains qui stimulent bientôt les prouesses des artistes français et le choix de leur costume : l'écuyer acrobate adopte le maillot, le collant et les chaussons de gymnaste encore portés aujourd'hui par les trapézistes. Avec l'ouverture du cirque Napoléon naît la belle époque de l'acrobatie équestre. De grandes familles d'artistes se succèdent alors chez Louis Dejean. Vers 1880, *Le Jockey d'Epsom* se joue en France.

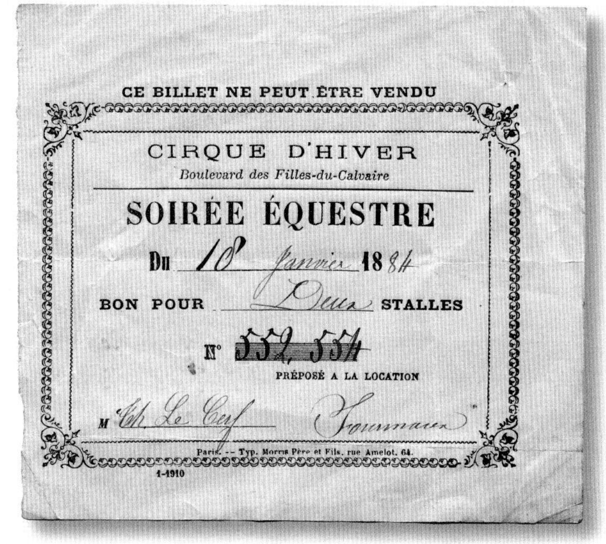

CE BILLET NE PEUT ÊTRE VENDU

CIRQUE D'HIVER

Boulevard des Filles-du-Calvaire

SOIRÉE ÉQUESTRE

Du 18 janvier 1884

BON POUR Deux STALLES

N° ~~552 554~~

PRÉPOSÉ A LA LOCATION

M Ch. Le Cerf

Paris. -- Typ. Morris Père et Fils, rue Amelot, 64.

1-1910

Ci-dessus : Invitation pour un spectacle donné au cirque d'Hiver en 1884. Le cirque est alors dirigé par la famille Franconi. **Page de droite :** l'écuyer Valli Laszewski, portant l'uniforme des guides de la garde impériale du second Empire, composé de la pelisse, du dolman et du shako. Le portrait sort des studios Nadar, vers 1891.

Nouveau Cirque 1891
Nadar

Il va devenir un classique du cirque équestre : l'écuyer mime une course, avant de réaliser des équilibres et de la voltige sur son cheval. Habillé en jockey, il porte la casaque et la toque de soie, le pantalon collant et les bottes. Au XXe siècle, les frères Houcke sont de populaires « jockeys d'Epsom », de même que Fedrizzi au cirque d'Hiver en 1925 ; la troupe équestre des Caroli (1970), dont le numéro commence par un saut périlleux à cheval, connaît un vif succès, tandis qu'à la même époque les Enders enflamment la piste. Les écuyères ne présentent pas seulement des numéros de haute-école. Certaines se produisent dans des danses à cheval ou des « élévations ». L'élévation consiste pour la jeune femme à exécuter des poses équestres, juchée sur les épaules de son partenaire, lui-même debout sur son cheval. Même si les hommes ont réalisé des élévations dès la fin du XVIIIe siècle, ce sont les femmes qui font de cette discipline une démonstration de grâce – et non plus de force. C'est ainsi que Carle Vernet (1758-1836), l'un des premiers dessinateurs inspirés par le cirque et le cheval, immortalisa vers 1800 les épouses de Laurent et d'Henri Franconi dans la pose célèbre de la Renommée : sur son cheval, l'écuyère lève haut le bras, tenant une cravache. Elle porte la tunique romaine ou la chlamyde grecque. Ce sont elles encore qui créent le numéro de saut de rubans à cheval, repris par Louis Guertener au cirque Napoléon. En 1849, l'invention du panneau – large selle plate placée sur le cheval – permet de plus belles attitudes, car ces « ballerines », dites écuyères à panneau, accompagnent leur pose de vrais pas de danse dans un équilibre précaire. Désormais, elles portent le tutu dit romantique, pailleté comme celui des danseuses de ballet : une longue jupe vaporeuse, portée pour la première fois en 1832 par une actrice de l'Opéra dans le ballet *La Sylphide*, complétée par des ailes de gaze dans le dos. Le costume fait rêver le spectateur, ébloui par l'apparition d'une créature désincarnée et aérienne, parée de fleurs ou d'ailes de papillon. Au cirque Napoléon, le numéro de M. Lidert inspire le dessinateur Honoré Daumier. L'année suivante, il publie l'une de ses rares compositions sur le cirque dans le journal *Le Charivari.* Et Seurat immortalise l'écuyère à panneau dans *Le Cirque* (1890), aujourd'hui conservé au musée d'Orsay, inspiré également d'un spectacle présenté au cirque Napoléon. Ce type de femme est le modèle des artistes de l'Art nouveau, notamment du peintre et dessinateur Mucha, vers 1900. La forme du tutu de cirque évolue avec la mode, mais on remarque aussi la robe longue et blanche pour le numéro de la femme papillon, exécuté à cheval. Dans la seconde moitié du XXe siècle, il était encore porté par Sandrine Bouglione. Ses poses sont alors transformées par des jeux de lumière, des voiles et un grand éventail.

Ci-dessus : Carte postale représentant une écuyère du spectacle Barnum. **Page de droite :** Jean Ignace Grandville. *La Terre en plan*, 1844. Grandville (1803-1847), dessinateur lithographe, s'intéressa au cirque. Il en montre ici un point de vue nouveau, comme déformé par un procédé d'optique, qui met en valeur le métier d'artiste et sa complexité. Ce sont les épouses de Laurent et d'Henri Franconi qui ont inventé l'étonnant numéro de saut de rubans à cheval, après 1805.

Miss DOLLY

PARIS

Page de gauche : Philomène Marthe Vasserot, *alias* Miss Dolly (1910-1991). Fildefériste vers 1930, elle présente les chevaux dix ans plus tard. Épouse d'André Vasserot, maître écuyer, et sœur du clown Charles Manetti ; son costume s'inspire des tutus brodés romantiques du xixe siècle. **Cette page :** Spectacle équestre donné au cirque d'Hiver (anonyme).

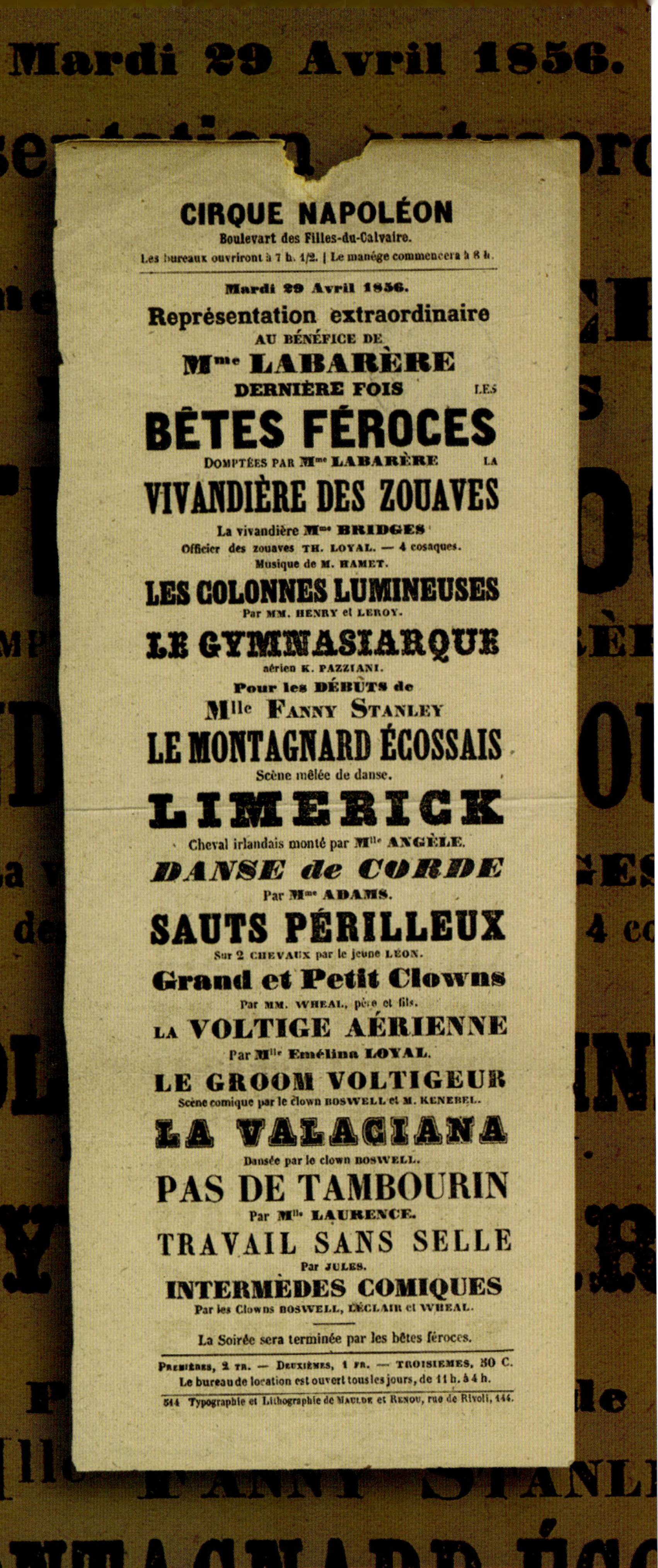

À la conquête de la coupole

Cirque Napoléon ouvert du 1er novembre au 30 avril – représentation tous les soirs. Exercices gymnastiques, jeux de manège. Premières, 2 fr. ; deuxièmes, 1 fr. ; troisièmes 30 c.

Voilà ce qu'annonce le *Guide parisien des spectacles*, au moment où le cirque d'Hiver acquiert ses lettres de noblesse en devenant la plus belle salle de spectacle, pour les meilleurs artistes du monde. Il est alors reconnu qu'un artiste ne sera pris au sérieux par ses pairs qu'en devenant pensionnaire des deux cirques, parfois au prix de certains sacrifices matériels.
En effet, être pensionnaire signifie que l'artiste passe un contrat exclusif avec la direction du cirque, ce qui lui interdit de travailler ailleurs. Comme le stipule le contrat d'Auriol, par exemple, conservé dans les archives, l'artiste doit se soumettre aux exigences de la direction, notamment en matière de costumes, et il doit suivre la troupe dans tous ses déplacements. En échange, les artistes sont bien payés. Ainsi, bien que Dejean consacre 22 % de son budget aux contrats artistiques, il conforte sa fortune en engageant de prestigieux numéros, et ce en dépit des guerres successives, du ralentissement des affaires et des troubles en politique intérieure.
Si le cirque Napoléon est d'abord un lieu dédié à l'art équestre, Louis Dejean n'en désire pas moins y attirer tous les publics. Aussi ne tarde-t-il pas à en corser le programme en présentant des numéros moins conventionnels que ceux des cirques allemands, centrés sur le domptage. Il fait appel à des performances nouvelles, comme celles des acrobates et des trapézistes. Pour la première fois en France, une partie du spectacle se déroule dans les airs. Tous ces exercices sont dûment consignés, jour après jour, dans les registres du régisseur conservés au cirque d'Hiver. Au cours des vingt années qui suivent, les applaudissements des spectateurs font tous les soirs exploser le silence dans lequel sont regardés ces numéros étourdissants. Le public mondain n'est plus composé des « lions » de Louis-Philippe mais

CI-CONTRE : AFFICHE ANNONÇANT UNE SOIRÉE EXCEPTIONNELLE DONNÉE AU BÉNÉFICE DE LA DOMPTEUSE LABARÈRE, EN 1856. LA PREMIÈRE ARTISTE FEMME À ENTRER DANS UNE CAGE AUX LIONS FUT MME LEPRINCE, VERS 1840.

des « cocodès » de Napoléon III, ceux qui tiennent désormais le cirque pour un spectacle de bon ton auquel il convient de paraître le samedi soir pour voir et être vu, « lorgner la salle et envoyer des petits bonjours ». C'est le moment de partir à la conquête des cimes. L'empire donne ses ailes au cirque. Les artistes cherchent à aller toujours plus loin dans leur performance. En 1859, le jeune Toulousain Jules Léotard est engagé au cirque Napoléon en tant que premier trapéziste volant et sauteur à la « batoude ». Sur ce tremplin, il franchit d'un seul saut dix hommes montés sur dix chevaux. Paris admire le personnage et son exploit. Bientôt, tout comme on porte la moustache « à la Léotard », on se coiffe « à la Léotard ». Les parfumeurs fabriquent un fard portant son nom. Le Toulousain fait paraître le recueil de ses *Mémoires*. Ce sont plutôt des « confidences », comme il l'avoue lui-même, puisqu'il y dévoile une partie de l'étonnante correspondance reçue de ses admiratrices. L'une d'elle écrit que le cirque lui deviendra indifférent si aucune relation n'est possible entre eux. Une autre déclare : « Deux folles voudraient vous parler, et, après vous avoir admiré de loin, voudraient le faire de près. Voulez-vous faire deux heureuses ? Venez demain au bal de l'Opéra. [...] Conservez cette lettre, vous la tiendrez à la main ; soyez discret, nous avons des positions plus sérieuses que vous ne pensez. Signé "deux cœurs épris". » Un accident survenu au cirque Napoléon profite aux acrobates et comble leur désir d'améliorer leurs exercices : le 8 mars 1855, le lustre central de la coupole, symbole du plus pur style Napoléon III, s'effondre sur Baucher, maître écuyer, en pleine répétition. Baucher ne peut reprendre le travail au cirque d'Hiver, et le lustre, pendant de celui qui se trouvait au cirque d'Été, n'est pas remplacé. Il gênait en fait les aériens qui n'aspiraient qu'à toujours aller plus haut, pour conquérir la coupole. L'année suivante, preuve de l'engouement du public pour ces nouveaux exercices, la direction du cirque Napoléon fait installer un gymnase dans la cour, et c'est Henri Maîtrejean, ancien gymnaste engagé par Dejean pour découvrir de nouveaux talents, qui est choisi en qualité de directeur des répétitions. Une fois de plus, Dejean réussit son pari : celui de faire venir les grands bourgeois du Marais et les petits marchands du Temple, qui adoptent ce lieu de spectacle et font sa réputation. Mais, en 1863, le baron Haussmann, devenu préfet de la Seine, ordonne la démolition d'une partie du boulevard du Temple et des théâtres qui s'y trouvent. Le quartier voit migrer une foule variée qui depuis un siècle flânait à la recherche de nouveaux divertissements. Dejean perd ainsi une partie de sa clientèle. L'année suivante, la loi qui donne un droit de libre concurrence entre les théâtres et les cirques met en difficulté l'exploitation du cirque Napoléon. Louis Dejean cherche à donner une identité propre à son établissement et impose des conditions drastiques lorsque d'autres cirques veulent louer sa salle. Les archives Bouglione conservent le contrat établi en 1886 entre Louis Dejean et la société Gilles Franconi. Dejean exige que leur spectacle soit uniquement équestre avec, pour seul supplément, des clowns. Ils ne peuvent jouer qu'une fois par jour et leurs affiches doivent être imprimées sur un papier d'une autre nuance et porter leur nom en adjoignant celui de cirque Napoléon. Un an plus tard, la salle est louée à l'un des plus grands cirques allemands, le cirque Renz, à l'occasion de l'Exposition universelle. Le contrat révèle que le célèbre directeur et écuyer Renz accepte un compromis financier, tant la spécificité des spectacles conçus par Dejean est reconnue en Europe. En 1868, Dejean acquiert le terrain dont sa société était locataire.

Ci-dessus : Équilibriste en costume de bouffon, vers 1865.

LES ÉLÉPHANTS PRODIGES.

L'éléphant, par sa taille et par son intelligence, a toujours occupé dans nos esprits un rang distingué parmi les animaux. Notre estime et notre admiration ne pouvaient lui manquer après les récits des voyageurs et des naturalistes. L'histoire même a consacré plus d'une page à l'appréciation de ses qualités physiques et morales. Ainsi nul de nous ne pouvait ignorer que la ruse, la reconnaissance, la vengeance, le repentir, sont des sentiments dont mille preuves constatent l'existence chez l'éléphant. Mais ce qu'il nous était impossible d'imaginer, c'était qu'il y eût sous la grossière enveloppe de cette masse presque informe la souplesse d'un clown et l'agilité d'un danseur. Te est pourtant le nouvel aspect sous lequel il étai réservé à M. Dejean, l'habile directeur des deux cirques, de nous présenter l'éléphant.

Sur l'affiche par laquelle il conviait le public à cet intéressant spectacle, M. Dejean avait écrit *Eléphants prodiges!* Ce n'était point une exagération.

Il ne s'agissait plus en effet d'une exhibition d'éléphants dressés comme ceux dont on se servait autrefois pour faire la guerre, dont on se sert encore aujourd'hui dans les Indes orientales, d'éléphants obéissant à leu cornac comme le cheval au cavalier qui le monte; nos yeux blasés n'eussent rien trouvé de merveilleux à ce spectacle.

Les éléphants de M. Dejean ont reçu une bien autre éducation. Ce n'est ni leur haute stature ni leur force qui ont été mises en relief; c'est, qui le croirait? leur grâce et leur légèreté! Sur un simple signe de leur maître on les voit exécuter sur-le-champ, avec aisance, les mouvements les plus compliqués, les plus difficiles, les plus incompatibles avec leur nature. Ils tournent, ils voltigent, ils valsent; ils se tiennent en équilibre sur deux pieds, sur un seul, et même sur la tête; ils lèvent diagonalement les pieds de devant et ceux de derrière; ils se couchent comme des chiens : le maître qui les a ainsi dressés est certes un habile professeur de gymnastique.

Dans le grand nombre de leurs curieux exercices, on remarque surtout un pas de deux qui leur vaut tous les soirs les honneurs du rappel.

Nous ne saurions décider si, comme le prétend un de nos écrivains, admirateur passionné de l'éléphant, cet animal a reçu du ciel une dose d'intelligence supérieure à celle de l'homme; mais nous n'hésitons point à lui assigner le premier rang parmi les saltimbanques.

L'exotisme au cirque

En 1662, Louis XIV fait construire une ménagerie dans son domaine de Versailles pour montrer à ses hôtes des animaux rares et exotiques comme l'autruche ou l'éléphant. L'exotisme apparaît dans le cirque à la fin du XVIIIe siècle avec Philip Astley, qui exhibe en Angleterre un zèbre dressé, animal qui fascine alors le public par les rayures de sa robe. En 1770, un éléphant est montré en foire pour la plus grande curiosité des Parisiens, avant que les Franconi exhibent le leur, prénommé Baba. Son successeur se fera attendre longtemps ; ce sera celui du capitaine Massilia à la foire de Saint-Cloud en 1826, soit un an avant l'arrivée à Paris d'une girafe pour le roi Charles X. Il n'y a pas meilleur endroit que le cirque pour mettre en scène le merveilleux et l'exotisme qui, au début du XIXe siècle, s'apparente encore à ce qui est rare et lointain. Au cirque Napoléon, Louis Dejean est le premier directeur à engager des numéros exotiques afin d'attirer un public plus varié. Ainsi, en 1854, le directeur anglais Cooke présente-t-il ses deux éléphants dressés dans une courte pantomime, *Les Éléphants de la pagode*. Les Parisiens accourent pour voir ces animaux prodiges : ils n'avaient pu admirer de tels pachydermes depuis la monarchie de Juillet ! Dejean emploie une nouvelle fois les éléphants de Cooke dans une mise en scène à l'indienne (1854). Les Parisiens mondains n'éprouvent pas moins d'étonnement devant les premiers numéros d'« exotiques » sous la direction de Victor Franconi, à l'hippodrome de l'Étoile, où se produit pour la première fois une tribu arabe dans des courses effrénées de chevaux et de dromadaires. Vers 1850, le directeur du cirque Soullier ajoute une touche d'exotisme à ses spectacles en baptisant son établissement le Caravansérail afin d'attirer le grand public. Au cirque Napoléon, les acrobates arabes émerveillent le public : engagés en 1852 puis en 1855, ils font des sauts en série et forment des colonnes et des pyramides au centre de la piste. L'Exposition universelle de 1867 reçoit la visite des sultans d'Égypte et de Turquie ; le luxe de leur cour et de leurs costumes émerveille les Parisiens. Le cirque s'en inspire, et Dejean n'hésite pas à présenter un numéro de Japonais au bambou, inédit en France. Les cirques du XXe siècle font la part belle à l'exotisme : ainsi la pantomime *La Perle du Bengale* (1935) met-elle en scène un sérail et des animaux exotiques – crocodiles et serpents –, tandis que la femme fakir Koringa lâche ses reptiles sur la piste et hypnotise un crocodile (1952) ! D'autres numéros se succèdent jusqu'au spectacle *Trapèze* pour lequel est placardée dans tout Paris cette girafe qui attire tant le public dans la cour du cirque d'Hiver (2001).

Page de gauche : Les débuts de l'exotisme au cirque d'Hiver apparaissent en 1854 avec l'admirable numéro des éléphants prodiges de Cooke dans leur pantomime *Les Éléphants de la pagode*. **Ci-dessus :** Détail d'un panneau peint à l'huile représentant les éléphants de la ménagerie Bouglione (vers 1950).

LES ELÈPHANTS INDIENS
de Carl Hagenbeck présentés par HUNDRIESER

Cirque Napoléon. — La fosse aux lions, par Mlle Borelly.

Cirque Napoléon. — Exercices du dompteur américain Th. Batty.

Les belluaires

Les fauves ont toujours émerveillé le public avide d'exotisme et de frissons : s'il sont d'abord montrés dans les ménageries de fêtes foraines, le cirque français revendique cette attraction dès l'époque de la première dynastie des Franconi, vers 1830. C'est ainsi que Martin, propriétaire d'une ménagerie, est engagé par cette illustre famille pour jouer le dompteur dans une pantomime du Cirque olympique. Pour la première fois des fauves sont présentés dans un cirque, derrière un rideau grillagé. Martin travaille comme un dompteur forain : en manche de chemise avec un gilet échancré. Il s'annonce comme « le zoogymnaste breveté de Son Altesse royale » ! Le spectacle évoque les combats de fauves des jeux romains avec les dompteurs pour « belluaires ». Martin interprète un nabab détrôné exilé dans la jungle, condamné à être mangé par les fauves à moins de les vaincre ! L'intrigue donne lieu à un numéro superbe de domptage au milieu de tous les animaux de la ménagerie. À chaque apparition d'un fauve sur la piste, un corps à corps s'engage avec l'animal : le belluaire travaille « en férocité », en provoquant la colère du fauve par des coups de cravache, tout en évitant de l'atteindre. La première femme dompteuse apparaît vers 1840, tandis qu'en 1855 Pauline Borelly fait ses débuts au cirque Napoléon. C'est pour éponger les dettes que son père a contractées auprès de Louis Dejean qu'elle accepte d'y être engagée. Les dompteurs de l'époque ont à leur disposition une voiture-cage amenée au centre de la piste, dont les volets des quatre côtés sont rabattus pour permettre à tous les spectateurs de les voir évoluer parmi les fauves. Chez Dejean, le belluaire devient à la mode : en 1863, la dompteuse Labarrère présente un groupe mixte de lions, de tigres et de loups... et, à l'instar de Crockett, la même année dans la même salle, tire à l'envi des coups de pistolet. Crockett était devenu belluaire après avoir ramené les lions du cirque Baty échappés de leur cage, qu'il trouva en train de dévorer un de ses collègues ! Pendant plusieurs saisons triomphe le Hongrois Baty. Il lance la mode du belluaire portant le dolman noir à brandebourgs et les bottes hautes à l'écuyère. Les journaux relatent que ses lions « semblent toujours prêts à le dévorer », et c'est ce qui faillit lui arriver le jour où une lionne referma ses crocs sur sa tête... Aussi violent que ses fauves excités, Baty paraît plus terrible qu'eux. Rien n'est alors plus chic pour une femme du monde que d'entrer dans la cage aux lions... vide ! De 1882 à 1915, Nouma-Hawa est la plus connue des dompteuses en férocité : elle porte un maillot de soie rose pailleté, une tunique dont le dos est fait en

Double page précédente : Les éléphants indiens de Carl Hagenbeck, présentés par Hundrieser, vers 1925. Ce grand cirque allemand né dans la seconde moitié du XIXe siècle s'est spécialisé dans l'exhibition d'animaux exotiques, ce qui a radicalement transformé les spectacles de cirque. **Page de gauche, de haut en bas :** Madame Borelly dans la fosse aux lions ; exercices du dompteur Baty (1866). Dessin du peintre animalier Gustave Soury (1884-1966) : son tracé est si précis que les dompteurs, dit-on, y ont reconnu leurs animaux ! **Ci-dessus :** Les lionceaux de la ménagerie Bouglione. Au cœur de Paris, celle-ci est, dans les années cinquante, l'une des plus importantes du monde du cirque.

hermine et satin bleu, et qui se termine par une longue traîne qu'elle relève avec grâce avant d'entrer dans la cage... Mais c'est le cirque allemand Hagenbeck qui transforme le travail du dompteur en le plaçant dans une arène circulaire (1888), les animaux étant lâchés sur la piste entourée de hautes grilles. Cette nouvelle façon de se mouvoir au milieu des fauves va permettre de les dresser. Elle relève du travail en douceur, c'est-à-dire un travail plus raffiné qui consiste à apprivoiser l'animal, ce qui semble moins dangereux pour le dompteur et moins cruel pour les animaux...

Le public est conquis ; la salle devient trop petite pour l'accueillir. Les Franconi augmentent alors le nombre des places du premier balcon et transforment une partie des fauteuils de bord de piste, appelés stalles, pour éviter le coude à coude. L'objectif est de séduire l'élégant public du cirque d'Hiver, gêné par l'inconfort des places bon marché. La sécurité est renforcée par l'ouverture de deux lignes télégraphiques destinées à relier le cirque à la caserne des sapeurs-pompiers... Fort de son succès, le cirque ouvre pendant l'été, et donne des galas au profit de l'Association charitable des femmes du monde.

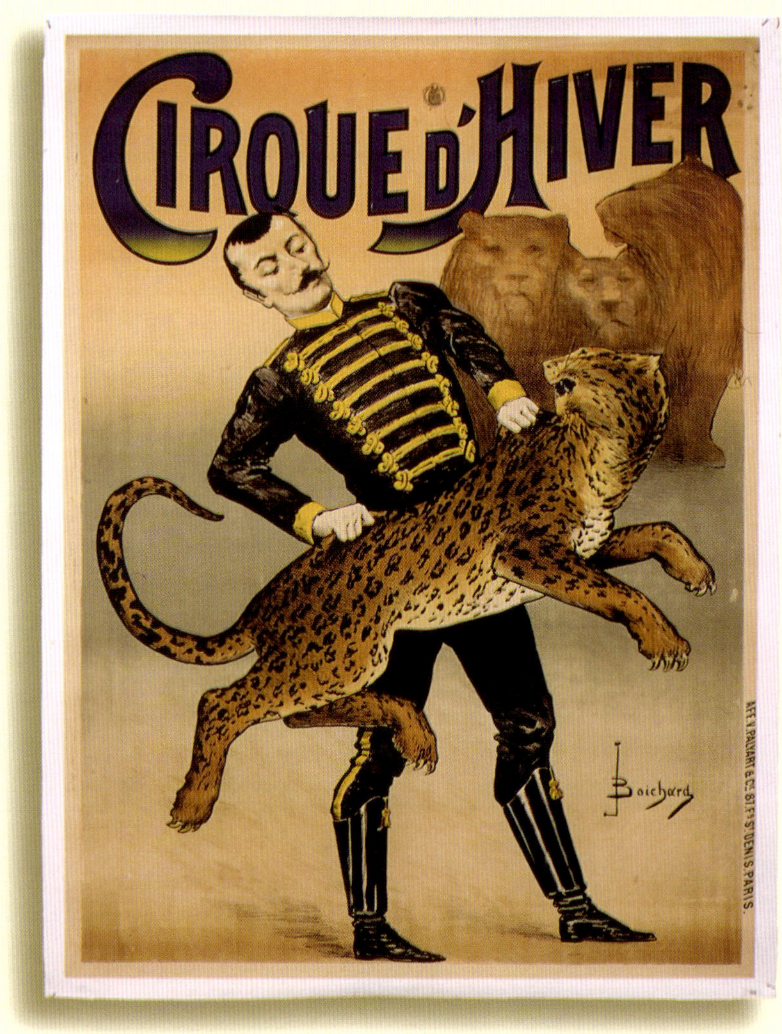

Ci-dessus : Belluaire en brandebourgs. Affiche d'un spectacle du cirque d'Hiver sous la direction Franconi.
Page de droite : Le dompteur Ivanoff dans la cage aux fauves, à l'époque de Gaston Desprez (1924).

CHAPITRE II

De la piste aux planches

(1873 - 1923)

Les aigles se sont envolées

1870 : la voix des canons prussiens se fait entendre dans Paris. L'empire a vécu. Le 4 septembre, le nom de son souverain et les aigles impériales disparaissent du fronton du cirque Napoléon qui devient le Cirque national. Le cirque d'Hiver perd son autorisation d'être éclairé par le gaz, celui des Champs-Élysées est réquisitionné. Bientôt, c'est la Commune. Le cirque d'Hiver accueille des réunions patriotiques et révolutionnaires. Il est fermé au public. En 1872, Dejean, toujours gérant et directeur, rouvre son cirque. La Commune a laissé des séquelles dans la capitale ; la vie y est difficile. Ainsi, la moitié des chevaux de Dejean a disparu, livrée aux réquisitions du siège de 1871. Fatigué, il résigne ses fonctions de directeur et choisit pour successeur Victor Franconi, le fils de Laurent. Celui-ci entre en fonction le 1er janvier 1873. Sur le procès-verbal de l'assemblée extraordinaire conservé dans les archives Bouglione, il figure en tant que directeur de la Société des deux cirques : le Cirque national y est baptisé cirque d'Hiver, et le cirque des Champs-Élysées est appelé cirque d'Été. Dejean touche un traitement annuel et perçoit 20 % des bénéfices nets. Dès 1873, Victor Franconi adresse des courriers à la Ville pour dénoncer la concurrence des cirques sous chapiteau qui s'établissent dans Paris. En témoigne une lettre originale écrite de sa main : « Nous avons la charge des chevaux et du matériel [...] alors que les autres n'ont qu'une simple baraque à construire. » En fait, le problème est ailleurs ; le goût du public a évolué : la guerre, les frustrations de la défaite ont changé les mentalités. Les théâtres et les cirques doivent s'évertuer à étonner un public qui met tous ses espoirs dans la jeune République ; à l'inverse, les Franconi restent fidèles à la tradition et s'étonnent que leurs spectateurs préfèrent un numéro de « mulet récalcitrant » à un exercice de haute-école ! Le climat de l'établissement s'en ressent et plusieurs artistes rejoignent d'autres cirques. Le cirque Fernando vient d'ouvrir (1873), ainsi que l'hippodrome de l'Alma, dirigé par l'écuyer Hippolyte Houcke (1877). La renommée grandissante d'établissements à grand spectacle comme les Folies-Bergère ou le Moulin-Rouge oblige finalement les Franconi à transformer leur établissement et leurs programmes...

CIRQUE D'HIVER
CINÉMA PATHÉ
Boulevard du Temple - Téléph. Roq. 12-25
Près la Place de la République
Tous les Soirs à 8 h. 15
INVITATION
DEUX ENTRÉES
Valables jusqu'au 31 JAN 1918
NON VALABLES EN MATINÉE, DIMANCHES ET JOURS DE FÊTE
M.
Service de la Publicité
En raison de la taxe d'État il sera perçu pour tous droits par personne. 0.75
CIRQUE D'HIVER LA DIRECTION BOUL^D DU TEMPLE
J

PAGE DE GAUCHE : L'AMBIANCE DES NOUVEAUX SPECTACLES DU CIRQUE D'HIVER DANS UN LIEU MYTHIQUE DE STYLE NAPOLÉON III. **CI-DESSUS :** INVITATION À ASSISTER À UNE REPRÉSENTATION DU CINÉMA PATHÉ, EX-CIRQUE D'HIVER, JUSTE AVANT LE DÉBUT DE LA PREMIÈRE GUERRE MONDIALE. POUR FAIRE FACE À LA CONCURRENCE, CHARLES PATHÉ (1863-1957), INVENTEUR DE LA « PHOTOGRAPHIE ANIMÉE », DÉVELOPPE UNE VÉRITABLE STRATÉGIE PUBLICITAIRE. LE CIRQUE STABLE EST UN DE CES LIEUX CLÉS DE PARIS QUI – AVEC LES BARAQUES FORAINES – PEUVENT ACCUEILLIR SES FILMS.

Les spectacles

Fidèle à la tradition, Victor Franconi rouvre le cirque sur une représentation officielle en l'honneur de Sa Majesté le shah de Perse, qui a sa loge réservée à l'année. En 1875, Franconi modernise son programme en engageant le fils d'Henri Maîtrejean – désormais régisseur de piste – dans un numéro à sensation. Trapéziste dans la troupe des Mayol, Émile Maîtrejean crée au cirque d'Hiver le numéro « L'homme-obus ». Celui-ci fuse d'un mortier au sol vers un trapèze. Le danger réside dans un éventuel changement de trajectoire ! En 1877, Océana, la première grande funambule sur fil de fer, fait ses débuts au cirque d'Hiver en transposant sur fil un ancien numéro de tapis. Elle prend sur le fil les attitudes d'une naïade aérienne. Les écrivains de la capitale – Théophile Gautier entre autres – vantent sa grâce. D'autres femmes triomphent au cirque d'Hiver, telles les Coms-Coms, danseuses fantaisistes et... « transformistes » qui changent de costume en moins de deux secondes au milieu de leur danse. On assiste aussi aux débuts de la dompteuse Nouma-Hawa, la « rosée du soir » en arabe. « Le cirque d'Hiver brûlait de mille feux ce 26 janvier 1882, les spectateurs étaient si nombreux que la salle était comble [...] moustaches calamistrées, haut-de-forme et pelisse à col d'astrakan, toute *la gomme* était là... » Une fois de plus, le Paris mondain de la toute nouvelle IIIe République se réunit pour applaudir la première apparition d'une « dompteuse romantique » à la beauté troublante : Nouma-Hawa, dont l'immense succès au cirque d'Hiver date surtout de ce fameux soir où l'une de ses lionnes, travaillée *en férocité*, attrapa sa cravache et la broya entre ses crocs ! Les programmes exceptionnels se succèdent. C'est aussi la grande époque des débuts de l'art clownesque en France. Victor Franconi lui-même s'éloigne de la tradition familiale et délaisse l'art équestre. Désormais, le clown est roi et détrône le cheval. Pour les Parisiens, un épisode particulièrement tragique semble en sonner le déclin : c'est l'accident survenu à l'écuyère Émilie Loisset en 1882. Ce jour-là, elle répète l'exercice de « l'entrée triomphale ». Arrivant de l'écurie au galop, elle doit sauter un obstacle, pour aboutir au centre de la piste et saluer les spectateurs. Mais son cheval refuse de sauter, rendu furieux par un malheureux coup de cravache qui lui fait faire demi-tour. La porte de l'écurie est déjà refermée par le rideau de fer. L'animal prend peur, se cabre et se renverse sur sa cavalière. Transportée d'urgence dans la pharmacie du cirque, Émilie Loisset agonise et meurt deux jours plus tard. Destin tragique pour celle qui portait gravé sur sa cravache un pastiche de la devise des Rohan : « Princesse ne daigne, Reine ne puis, Loisset suis [1]. »

1. Pastiche de : « Roi ne puis, Prince ne daigne, Rohan suis. »

Ci-dessus : Numéro présenté au cirque d'Hiver à la fin du XIXe siècle : « Les loups audacieux ». Les loups restant toujours des animaux redoutables, peu de cirques les utilisaient – certains les remplaçaient par des chiens-loups. **Page de droite :** Numéro de lapins dressés au cirque d'Hiver, sous la direction de Franconi, vers 1890. La demi-mondaine Émilienne d'Alençon est l'une des premières à présenter ce numéro, à la même époque.

Les débuts de l'art clownesque

Si l'origine du clown est incertaine, un bouffon de piste apparaît en Angleterre à la fin du XVIIIe siècle : Philip Astley importe dans ce pays le costume italien d'Arlequin et le modernise (1785) ; en France, c'est sur la piste d'Antonio Franconi que le personnage de « Claune » naît vers 1815. Il devient un nom générique désignant la première forme de l'auguste. Également attaché au cirque Franconi, Jean Gontard fait évoluer le personnage. Il s'inspire des « grotesques » anglais et devient le premier « grotesque » français. Le grotesque, en l'occurrence, c'est d'abord un acrobate. Gontard exécute des équilibres sur une chaise. Il porte le costume d'Arlequin : caleçon long moulant, casaque à empiècements terminée en pointes sur la taille, collerette et chapeau à plusieurs pointes ; le tout garni de grelots et de sonnettes. Jean-Baptiste Auriol (1806-1881) éclipse Gontard au Cirque olympique dès 1835. La diversité de ses prouesses acrobatiques – à cheval ou au tapis – et le luxe de ses costumes, eux aussi inspirés d'Arlequin, étonnent le public. Composée de morceaux de soie brochée assemblés en losanges avec beaucoup de fantaisie, la tenue est parfois rehaussée de paillettes de métal en forme de fleurs. Premier clown-sauteur français, Auriol multiplie les sauts périlleux et franchit des chevaux à la batoude, sorte de tremplin. Ce n'est qu'à la fin de sa vie qu'il privilégie les effets comiques de ses exercices. En cherchant à concilier l'acrobatie aux excentricités, l'humour à la moquerie, ses successeurs font évoluer le « clown ». Ainsi, Boswell est le premier clown-équilibriste du cirque Napoléon (1853). C'est l'époque où l'artiste n'hésite pas à dessiner des pois de couleur vive sur son visage poudré de blanc et à porter l'étoffe blanche rayée de rouge. Il incarne le clown-équilibriste impassible, ponctuant ses performances d'un humour macabre. Il présente un impressionnant numéro d'acrobatie : un équilibre de tête sur un mât haut de quinze pieds, qui lui vaut le surnom de l'« homme-renversé ». Ce mât est en réalité l'un des montants d'une échelle au sommet de laquelle il accède après en avoir détaché tous les barreaux. Là-haut, il boit, mange et tire des coups de pistolet. Cette position dangereuse lui valut une attaque d'apoplexie qui se révéla mortelle, quatre ans après son entrée au cirque Napoléon. Boswell est bien le premier à avoir fait évoluer le comique clownesque. Mais le clown n'a pas encore droit à la parole : son discours se résume en des onomatopées ou à quelques mots. Ainsi Boswell pousse-t-il son célèbre cri « Avez-vous vu ? » qui reprend les voyelles de l'alphabet *a e i o u*, tandis qu'Auriol accompagne ses exercices d'un cri imitant celui d'un oiseau. Les artistes doivent attendre la loi de 1864 pour avoir le droit de dialoguer en piste. Les cirques et les théâtres travaillent dorénavant dans le même registre. Vers 1890, le clown abandonne l'acrobatie pour se tourner vers la comédie. Tout naturellement, il choisit un partenaire, l'auguste.

PAGE DE DROITE : BOSWELL, LE PREMIER CLOWN ÉQUILIBRISTE, ENGAGÉ AU CIRQUE NAPOLÉON EN 1853. ON L'APPELAIT « L'HOMME RENVERSÉ ». ON LE RECONNAÎT À SON ÉTOFFE BLANCHE RAYÉE DE ROUGE.

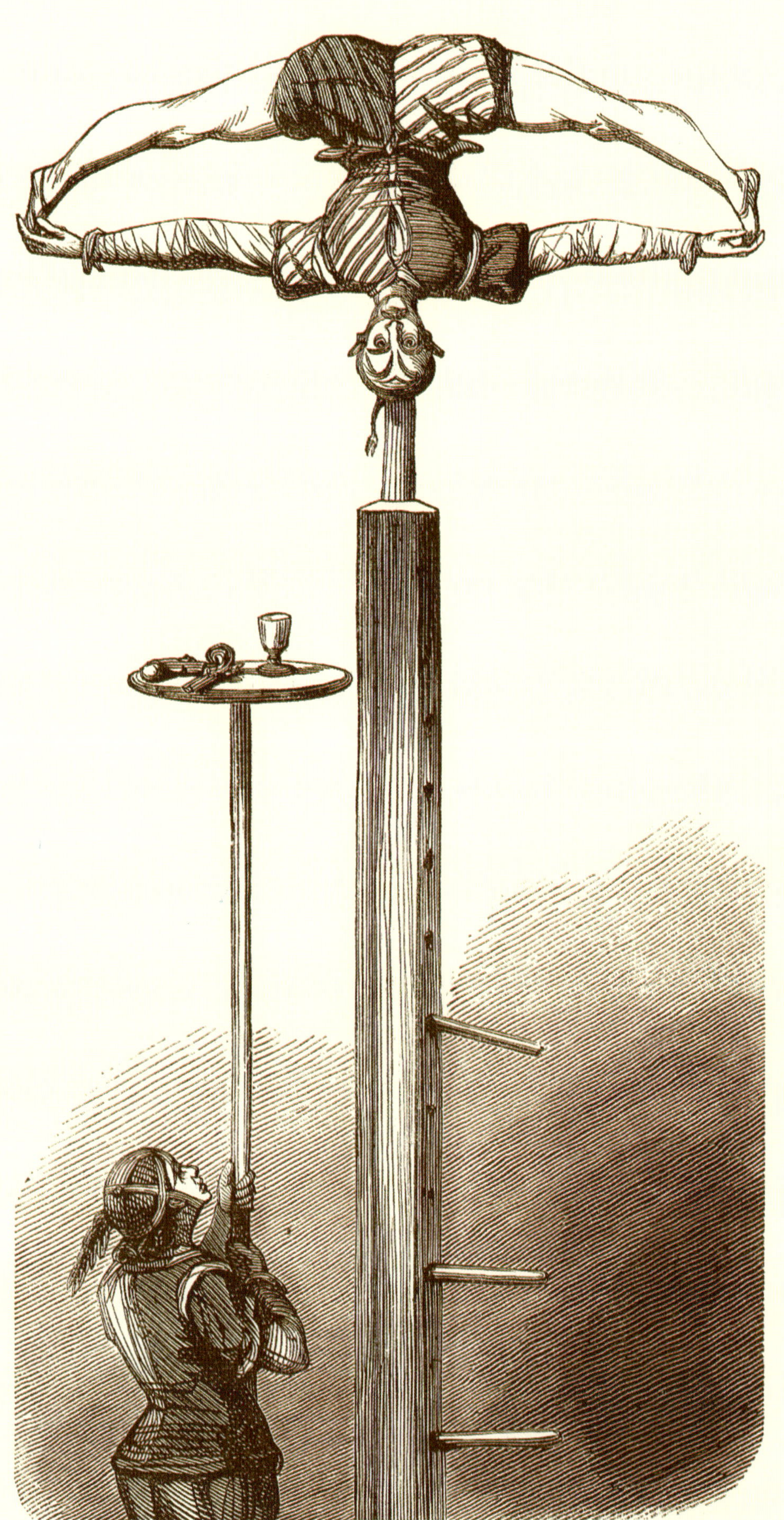

M. de SOLAR

Si Victor Franconi dédaigne l'art équestre, c'est pour mieux asseoir sa fortune avec les pantomimes, lancées par sa famille au début du XIXe siècle. Après 1890, les pantomimes deviennent des pièces parlées. Celles que Franconi lance au cirque d'Hiver s'inspirent librement de la mode et de l'actualité. La première pantomime nautique est *Cléopâtre*, montée en 1891 afin de concurrencer le Nouveau Cirque, lequel remporte un vif succès avec sa propre piste nautique construite en 1886. Le clown Foottit se travestit en une Cléopâtre aux cheveux crépus rouges et aux lourds bijoux. Exotisme et parodie, voilà le rôle attribué au clown, auguste pour l'occasion. La fin tragique de Foottit-Cléopâtre empoisonnée par un serpent en caoutchouc déchaîne les rires du public. Double parodie en réalité, puisque sa Cléopâtre caricature la grande Sarah Bernhardt qui triomphe alors dans ce rôle à la Porte-Saint-Martin. En 1897, le mime Otello retrace avec humour les épisodes de la campagne française en Afrique. Les Franconi entrecoupent toujours le spectacle de numéros de dressage ou d'acrobatie. Une autre grande figure féminine de l'époque rejoint le cirque d'Hiver en la personne de Caroline Otero, engagée en 1890 dans un spectacle de danses espagnoles. Un visage enfantin sous de lourds cheveux noirs andalous fait le charme de la « belle Otero », qui n'est autre qu'une demi-mondaine. Malgré le succès de ses spectacles, la Société des deux cirques est au plus mal. Victor est un artiste plus qu'un directeur, et son fils Charles ne le seconde pas assez dans la gestion. Pour tenter de renflouer les caisses de leur établissement, les Franconi organisent des matchs de lutte turque en 1895, puis de catch, et les amateurs s'entraînent dans le gymnase de la rue de Crussol. En 1897, le cirque d'Hiver perd son directeur. Victor Franconi meurt à son domicile du 32, boulevard du Temple. Sa mort tragique marque en France la fin du cirque équestre, qui résiste toutefois en Allemagne grâce aux cirques Busch et Schumann. Charles Franconi n'est pas à la hauteur de la tradition qu'il incarne. La dernière pantomime du XIXe siècle montée au cirque d'Hiver, intitulée *Tout à la joie*, est un échec. Alors que les spectacles du cirque d'Hiver déclinent, peu d'établissements parisiens s'aventurent désormais à monter des pantomimes. Charles laisse se délabrer le bâtiment du cirque d'Été, et vend finalement la concession d'exploitation à la société du Cirque-Palace qui projette de construire un nouvel édifice... Mais celle-ci fait faillite et le cirque des Champs-Élysées est démoli. Le passé est révolu ! En visitant l'Exposition universelle de 1900 qui vante l'invention du cinématographe, le promeneur passe pour la dernière fois devant les ruines du plus beau cirque de Paris... Dépendant de la Société des deux cirques, la gestion du cirque d'Hiver subit aussi les inconséquences de Charles, qui s'en désintéresse totalement. Les dernières pantomimes des Franconi se perdent tel un écho mourant dans l'espace de l'ancien cirque. Dans le dernier spectacle, la pantomime *Pierrot Apache* précède « des vues nouvelles » – comme l'annonce le programme – du cinématographe Pathé. Charles met la clef sous la porte en 1907. Il propose à ses actionnaires de louer la salle du cirque d'Hiver à la société Cinéma exploitation, concessionnaire du cinéma Pathé-Frères. Pendant plus de dix ans, le palais des *Mille* et *Une Nuits* abritera le temple du cinéma. Voici venue la morte saison pour les fauves et les paillettes...

PAGE DE GAUCHE : CLOWN ET CLOWNESS. À LA FIN DU XIXe SIÈCLE, LE CLOWN NE PORTAIT DÉJÀ PLUS LA TROUSSE D'ACROBATE MAIS LE SAC BOUFFANT À LARGE COLLERETTE. LA FEMME CLOWN ÉTAIT UNE EXCEPTION DANS LE MONDE DU CIRQUE ; ELLE ACCOMPAGNAIT SOUVENT SON JEU D'ACROBATIES ET DE SAUTS PÉRILLEUX. **CI-DESSUS :** PROGRAMME DU CIRQUE D'HIVER, SOUS LA DIRECTION DE FRANCONI. ON Y ANNONCE UNE PANTOMIME MILITAIRE, *LES BLEUS*, ET LA PRÉSENCE DES FAMEUX CLOWNS MUSICAUX, LES PRICE.

L'inauguration du cinéma Pathé a lieu le 21 décembre 1907. L'architecte Malo a modifié la salle et substitué aux lustres à gaz des globes électriques.

Une scène, un écran, une cabine de projection remplacent la piste et une partie des gradins. Les écuries et les selleries sont supprimées. Cependant, son décor « antiquaire » fait du cirque d'Hiver un superbe cinéma : 1 600 places, 60 musiciens, et des écuries transformées en bar et en salles d'exposition. Des chœurs s'ajoutent aux scènes comiques ou dramatiques des premiers films projetés qui rappellent les pantomimes d'antan. Vers 1910, aller au cinéma Pathé, ex-cirque d'Hiver, devient l'attraction populaire à la mode. Éclipsé par le cinéma, le cirque disparaît dans beaucoup de villes de province. Quant à Paris, si le cirque d'Hiver devient une salle Pathé, l'hippodrome de la place Clichy est loué au Gaumont-Palace.

Peu après l'armistice de 1919, c'est le théâtre qui supplante le cinéma. Serge Sandberg – producteur, distributeur et directeur de salles de cinéma – est alors locataire du cirque d'Hiver. Il y projette de grands films documentaires. Cette même année, il invite le tragédien Firmin Gémier à travailler pour lui. C'est sous le signe des spectacles olympiques, et non plus sous le signe du cirque, que Gémier remonte aux sources de l'art dramatique. Depuis des années, en effet, il nourrit le projet de créer un théâtre populaire qui soit accessible à un large public. Aussi, dès 1917, il supprime la rampe du Théâtre-Antoine, qu'il dirige, afin que le spectateur rejoigne l'acteur sur la scène et que ce dernier puisse lui-même adopter un jeu de scène moins statique. L'acteur entre par le fond de la salle, se mêle au public et l'entraîne à participer à l'action. Gémier modernise les textes et les costumes. Les bruitages s'inspirent des effets sonores qui accompagnaient les numéros des clowns anglais, tandis que la musique reprend des thèmes circassiens. Pour lui, la lumière habille l'acteur ; ainsi perfectionne-t-il le jeu des projecteurs en substituant à la lumière qui vacille et crépite des phares d'automobile fixes et silencieux ! Mais cela ne lui suffit pas : il veut exploiter ses trouvailles dans la structure du cirque en dur, et en faire un théâtre. Le vrai théâtre, selon lui, est le théâtre de foire, aux confluents du théâtre et du cirque. Aussi, la proposition que lui fait Sandberg de travailler au cirque d'Hiver est pour lui l'occasion d'oser de grandes mises en scène. À cette fin, il supprime la piste, abat en partie les gradins et construit une scène à deux étages reliée à un escalier central monumental. Conséquence de ces aménagements, la salle accueille deux fois moins de spectateurs que lors d'un spectacle de cirque, mais ses décors – comme ceux d'*Œdipe roi de Thèbes* – s'intègrent à merveille dans l'architecture de Hittorff. Un intermède athlétique s'intercale dans la tragédie : 200 sportifs évoquent les jeux du stade ! Dans *La Grande Pastorale*, pièce montée au cirque d'Hiver en 1920, Gémier fait appel à des animaux dressés qui déambulent sur toute la scène, à l'instar des premiers animaux de cirque. Mais l'effet de surprise passé, le spectacle ne fait plus salle comble et Gémier abandonne l'idée de faire du théâtre au cirque d'Hiver, même s'il a su y attirer le Tout-Paris. Il avait tenté de combiner au cirque les jeux athlétiques, les danses, les chants et la ménagerie. C'est ce que va réussir la famille Bouglione lorsqu'elle mettra en scène ses « féeries chantées ».

CI-DESSUS : GRAVURE ILLUSTRANT UN DRESSEUR DE CHIENS SAVANTS. À LA FIN DU XIXe SIÈCLE, LE CIRQUE CORVI ÉTAIT RÉPUTÉ POUR CE GENRE DE NUMÉRO QUI ATTIRAIT DE NOMBREUX ARTISTES COMME TOULOUSE-LAUTREC. **PAGE DE DROITE :** UN SOIR AU CINÉMA, EX-CIRQUE D'HIVER. DÉTAIL D'UN PROGRAMME (VERS 1910). DANS LES PREMIERS PROGRAMMES PATHÉ, DES DOCUMENTAIRES OU DE COURTES HISTOIRES SUIVAIENT LES SCÈNES D'ACTUALITÉ. *BARBE-BLEUE*, PASSE, PAR EXEMPLE, APRÈS *L'AÉROPLANE FARMAN*... CELA PERMETTAIT D'ATTIRER TOUTE LA FAMILLE AU CINÉMA.

CIRQUE D'HIVER
CINÉMA PATHÉ ✢ NOUVELLE DIRECTION

Les hommes forts

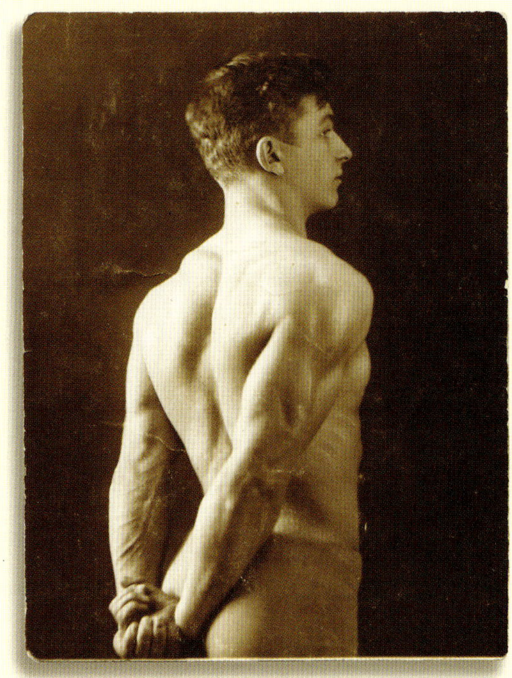

Issus des jeux de la foire et des briseurs de chaînes, les hommes forts réalisent des prouesses dans les cirques dès la fin du XVIIIe siècle. Au début du XIXe siècle, un ancien soldat de Napoléon joue les vedettes en jonglant avec des poids et en tordant des barres de fer... Bien vite nommés Hercules, en référence au héros de la mythologie gréco-romaine, ils se présentent d'abord avec son habit associant la peau de tigre à la massue (vers 1850). Ils affectionnent certains exercices, comme porter sur leurs épaules plusieurs hommes un canon. Ainsi, entre 1850 et 1880, le numéro de l'« homme-canon » prédomine. Ce numéro est différent de celui de l'« homme-obus », qui sert de projectile ; ici, l'artiste remplace l'affût du canon. Une lourde pièce d'artillerie est posée sur son corps ; chargée à blanc, elle doit exploser sans qu'il tombe. S'il perd l'équilibre, il peut perdre la tête... Le costume adopté est la trousse d'acrobate, pailletée ou non, et les cothurnes, ces chaussures hautes à semelle épaisse que mettent les catcheurs, dont certains, d'ailleurs, viennent aussi exhiber leurs muscles sur la piste pour compléter leur maigre cachet. En 1873, Paris présentait le Danois Joe Holtum, qui séduisit beaucoup le public féminin. Il recevait dans ses mains un boulet tiré d'un canon ! Les exercices deviennent des numéros de music-hall très appréciés du public de la fin du siècle. Les accessoires se multiplient, du boulet de canon au cheval, des haltères à l'automobile ! Après 1910, les cirques présentent moins de numéros de force pure, car les accessoires sont de plus en plus souvent truqués. Mais Louis Vasseur, qui se dit « le champion du monde de force », passe au cirque d'Hiver en 1924 et Cadine en 1925. Tous deux soulèvent un tonneau plein avec les doigts. Les Athena connaissent un grand succès jusqu'en 1940. On remplace alors les poids par des personnes ; c'est le début des numéros de « mains à mains ».

Ci-dessus : L'athlète Fortunio, vers 1925. **Page de droite :** Vasseur, champion du monde de force, sous Gaston Desprez, vers 1925. Ce type de numéro a presque disparu, en partie parce qu'il arrivait souvent que les accessoires fussent truqués ! Ce qui n'était pas le cas du numéro de Vasseur, l'un des derniers «Hercules» du XXe siècle, qui portait sur le dos un tonneau de 230 litres ! **Page suivante gauche :** « Briseur de chaînes ». Affiche pour le cirque d'Hiver. Vers 1900, cet exercice était encore très prisé. Plusieurs athlètes se servaient alors de poids humains pour montrer qu'ils ne trichaient pas. **Page suivante droite :** Affiche pour le cirque d'Hiver (vers 1895). Pour tenter de renflouer les caisses du cirque, les Franconi organisèrent des matchs de lutte turque puis de catch. C'est finalement en 1907 qu'ils abandonnèrent les spectacles de cirque.

VASSEUR
CHAMPION DU MONDE DE FORCE

CIRQUE D'HIVER
Briseur
DE
Chaines

AFFICHES AMÉRICAINES · CH. LEVY 10 Rue Martel · PARIS

Les Lutteurs
TURCS

L. Boichard

AFFICHES F. APPEL. H. CORBEL Sucr 17 Rue du Delta. PARIS

CIRQUE D'HIVER

Les trapézistes

Le milieu du XIXe siècle voit le triomphe du trapéziste. Vers 1850, Henri Maîtrejean est l'un des premiers trapézistes en France à travailler les anneaux et le trapèze fixe (barre de trapèze en simple balancier) ; il s'exécute au cirque Napoléon. À cette époque, les artistes portent parfois le justaucorps de couleur par-dessus le maillot. Mais les exercices sont limités par la fixité de cet agrès. En 1859, Jules Léotard (1838-1870) vulgarise le trapèze volant, jusque-là réservé aux gymnases, en l'introduisant au cirque. C'est Dejean qui découvre Léotard dans sa ville natale de Toulouse et l'engage au cirque Napoléon pour son intermède intitulé « Merveilles gymnastiques ». Le trapèze volant rend les numéros plus dynamiques et plus dangereux. Si Léotard ne dispose que de trois trapèzes en ligne – appareil inventé par son père – ses suiveurs tentent d'aller toujours plus haut. Ils forment des troupes comprenant un porteur et des voltigeurs, multipliant les passages et les sauts périlleux de trapèze à trapèze. Notre Toulousain invente un maillot moulant de couleur chair sans manches auquel il donne son nom ; le « léotard ». Il sera désormais adopté par tous les trapézistes soucieux d'avoir une grande liberté de mouvements. Pour la première fois, le costume révèle les formes d'un corps d'athlète vu en transparence, et le travail de ses muscles, propre à chaque exercice de force et d'adresse... alors que les femmes acrobates, en cette fin du XIXe siècle, doivent encore porter pudiquement le corset et la culotte bouillonnée ! Léotard n'était protégé que par un plancher matelassé. Vers 1870, on le remplace par un filet, dont on dit encore aujourd'hui qu'il protège surtout les spectateurs car, filet où pas, les chutes au trapèze sont parfois mortelles... Vers 1900, Edmond Rainat, en caleçon et bonnet de laine rouges, est l'un des premiers à réaliser le double saut périlleux de trapèze à trapèze. Avec sa troupe, ce « phénomène » exécute des passes complexes : à partir de cette époque, l'acrobate devient un athlète. Mais le roi des voltigeurs du XXe siècle est sans conteste Alfredo Codona, considéré comme le meilleur de tous les temps. Vers 1925, il réalise avec sa troupe le plus beau et le plus complexe numéro de volant. Ils triomphent chaque soir au cirque d'Hiver en incluant dans leur démonstration un double saut périlleux avec pirouette, mis au point aux États-Unis et montré pour la première fois en France. Celui-ci n'était possible qu'en augmentant encore la hauteur de la passerelle de départ du voltigeur et en remplaçant le trapèze de bois par un trapèze en fer.

Page de gauche : Photographie du trapéziste Jules Léotard dans une pose « classique ». Dans la seconde moitié du XIXe siècle, le nu photographique concurrence le dessin académique, tel qu'il est pratiqué par les élèves des Beaux-Arts. L'artiste se transforme ici en modèle idéal. **Double page suivante :** Jules Léotard au cirque d'Hiver, sous le regard admiratif de son directeur, Louis Dejean. Vers 1860, il porte le maillot de corps, moulant et échancré, appelé bientôt de son nom. Un simple plancher matelassé le protège des chutes.

Le
Père
et le Fils
WALTER

CHAPITRE III

Le retour aux paillettes

(1923 - 1934)

Firmin Gémier, qui n'appréciait pas le cinéma, avait écrit dans un excès de fougue : « Ce n'est pas le cirque que nous avons chassé de cette salle, c'est le cinéma. » L'avenir lui donne raison lorsque, le 12 octobre 1923, Gaston Desprez rouvre en grand les portes du cirque d'Hiver.

Gaston Desprez : place au cirque !

Fils d'un industriel, inventeur d'un ressort de suspension pour les cuisines roulantes des soldats de la Première Guerre mondiale, Gaston Desprez est en famille avec des membres de la direction du Casino de Paris et deux frères dans le monde du spectacle : Marcel et André. Connu pour son naturel bon vivant et sa prestance, il participe aux courses cyclistes alors très en vogue, tandis que son frère André se fait connaître par le numéro du « Cercle de la mort », course au cours de laquelle il virevolte à vélo au-dessus d'une cage aux lions. Le conflit a causé de lourdes pertes aux biens familiaux, ce qui permet à Desprez de percevoir des dommages de guerre. Ainsi se lance-t-il dans l'industrie du cinéma et rachète-t-il des salles comme le Palace à Amiens et le Carillon à Saint-Quentin. Passionné de spectacles, il dirige aussi le théâtre de Saint-Denis et lance un programme équestre au cirque de Troyes. Aussi, lorsque l'un de ses amis, Pitau, lui apprend que le cirque d'Hiver est à reprendre, il n'hésite pas une seule seconde et prend le risque de le louer... Mais ce n'est plus pour y projeter des films : le cinéma a désormais ses propres salles spécialisées et ses premiers temples sont désertés. Tout au contraire, il veut « y remettre à l'honneur les programmes vivants voués à la joie et à l'audace ». Le cirque d'Hiver doit revivre : place au cirque !

L'établissement ayant été transformé pour le cinéma, Desprez doit tout remettre en état. La Société du cirque d'Hiver, présidée par M. Michelet, charge l'architecte Louis Gagey de la réhabilitation. Gagey ne touche ni à la façade ni à la décoration de la coupole. Desprez réinvente des jeux de lumière. Il installe dans la coupole une sphère à facettes miroitantes qui réfléchit ses rayons dans tout le cirque, telle une pluie d'étoiles. Les gradins en bois, peu sûrs, sont remplacés par une ossature en béton armé. Les peintures sont refaites à neuf, la piste est retracée... À l'entrée des « vomitoires », il pose des protomés de chevaux ailés récupérés au cirque du Prince impérial, lequel était anciennement à la République. L'ensemble respecte les règlements de police et de sécurité n'autorisant pas plus de 2 090 places, réparties en trois rangs. Celles datant de l'empire sont réinstallées, une ceinture de loges est construite en surplomb, desservie par les anciens escaliers, avec neuf rangées de fauteuils. Les écuries sont reconstituées, tandis que la partie droite abrite une grande salle de bar. Les dépendances sont aménagées en jardin d'hiver. Le cirque renaît de ses cendres. L'on y réinstalle les caravanes, les cages, le magasin d'accessoires, l'atelier et la cabine électrique dont on modernise l'équipement. On rénove la ventilation, le chauffage, les services d'incendie... Tout cela en trois mois ! La nouvelle salle du cirque d'Hiver est prête à accueillir son public le 23 octobre 1923, et Gaston Desprez est bien résolu « à voir grand et à faire grand[1] », dans une capitale où les théâtres et les cafés sont les nouvelles attractions de la nuit. La situation est d'autant plus favorable que la station de métro Filles-du-Calvaire ouvre en 1927, facilitant l'accès au cirque d'Hiver – qui est juste en face – et revalorisant les terrains de cette partie du XIe arrondissement.

1. Programmes du Cirque d'Hiver, 1923.

Page de gauche : Les Walter, père et fils. Numéro de clowns musicaux où l'un est communément sérieux, l'autre comique. Leurs costumes sont décorés d'une partition musicale qui illustre ici leur spécialité. Pour ces clowns, l'instrument est plus qu'un accessoire, leur musique est une expression de leur personnalité.

Ci-contre : Les Walter. Le père en auguste, et le fils, Eugène Alexandre, dit Joe Walter, - en clown. Walter père remplaça le costume de soirée de l'auguste par un costume de ville à carreaux. Il lança aussi la mode des pantalons croisés qui donnaient l'illusion de jambes emmêlées.

L'ère du looping

L'ère de la bicyclette a commencé vers 1875. La petite reine a séduit les acrobates de cirque car elle leur a permis de décliner à terre toutes les figures possibles. Avant 1850, le premier essai de looping s'est fait dans un wagonnet avant que soit inventé aux États-Unis, vers 1900, le « numéro du looping » – ou bouclage de la boucle à vélo –, sur une armature métallique qui évoque les « Montagnes russes » des fêtes foraines. Le cercle de la mort est une variante de cet exercice. Les artistes n'ont aucune protection ; leur costume est celui d'un simple cycliste !

Après 1900, l'automobile a remporté la préférence des artistes et les « casse-cou » sur quatre roues étaient aussi des femmes vêtues d'une longue robe et du chapeau à larges bords... Mlle Randall se tua ainsi dans cet exercice sans filet, en 1905 ; ce numéro fut interdit jusqu'à ce que d'autres « casse-cou » fassent du sensationnel, au risque de leur vie. Un numéro où la mort risque d'être au rendez-vous attire toujours le public. En 1925, au cirque d'Hiver, l'exercice est renouvelé par les frères Desprez. André et Marcel effectuent, non pas le simple mais le double looping en automobile ! Marcel, ingénieur sorti de l'École des arts et métiers de Lille, a déjà réalisé des numéros « casse-cou » : il conçoit une maquette de véhicule au 1/5 pour prouver que l'exercice est humainement possible. Le prototype est construit dans son propre atelier. André dira de ce numéro : « C'est un tour qu'il faut aborder parfaitement décontracté, avec en tête ce curieux dilemme : être et ne pas être. » Intégré à l'intrigue du film *Portrait d'un assassin* (1949) de Bernard-Roland, avec Arletty, André double Pierre Brasseur pour les acrobaties. Leur attraction est exportée jusqu'en Inde et, pendant vingt-cinq ans, elle fera sensation en Europe. Les deux frères doivent ce succès à leur professionnalisme et à leur connaissance de la mécanique. Ils savent créer mieux que personne une progression dramatique, un suspense né de la vue de leur bizarre engin, de leurs murmures avant l'exercice suivi de silences, puis de la lente montée vers la voiture perchée à plus de 20 mètres de haut, d'un roulement de tambour, et d'un « Attention, je pars » ! En 1924, une autre attraction foraine fait sensation : une variation du mur de la mort présentée par le trio Guerre qui cumule sur vélo et moto des loopings et des virages à l'horizontale, tous trois enfermés dans une sphère en acier ajourée dite « boule infernale ». En 1928, Louis Maïss – il deviendra un clown célèbre – réalise au cirque d'Hiver le numéro de la motocyclette sur câble, connu sous le nom « La course infernale ». La moto roule sur le câble d'acier, mis en mouvement grâce à un moteur électrique qui fait tourner deux poulies. Le principal danger est la défaillance mécanique...

Ci-dessus : Le programme de réouverture du cirque d'Hiver, en 1923, présente un incroyable numéro de «casse-cou» : le double saut en automobile des frères Desprez, Marcel et André. **Page de droite :** Démonstration de parachute, réalisée par Maurice Blanquier au cirque d'Hiver. L'ouverture totale de la toile se fait en 8 mètres sous la coupole : record du monde ! Les cirques intègrent assez vite les innovations technologiques. C'est ainsi que dès 1853 l'hippodrome de l'Étoile présentait un ballon captif lançant un parachute sous lequel se tenait un acrobate au trapèze.

Acrobates des hauteurs

Aux côtés des clowns-acrobates, les acrobates aériens sont tout autant à la mode sous Desprez. Ils travaillent en haut de la coupole. D'abord les trapézistes Codona, découverts par Pierre Blondeau parti pour New York à la recherche d'artistes de qualité à la mesure d'un directeur exigeant. Au terme d'un contrat mirobolant, les Codona – composés de Lalo, Alfredo et Vera Bruce – acceptent de venir en France. Le clou de leur attraction est un triple saut périlleux de bâton à porteur. En 1930, ils apparaissent dans un documentaire filmé, *Les Rois du trapèze*, où la perfection de leur numéro est telle qu'elle permet le tournage au ralenti. Ce sont les dignes héritiers de Léotard, et leur passage marque à jamais l'établissement du cirque d'Hiver. Si leur héroïque carrière ressemble à un film, elle ressemble aussi au drame qui crée la légende. Alfredo Codona, le voltigeur, est l'époux de Lilian Leitzel, acrobate à la corde lisse et aux anneaux. Un soir, à Copenhague, Lilian fait une chute mortelle. Désespéré, Alfredo continue cependant à travailler. Quelque temps après, il épouse sa partenaire devenue célèbre, Vera Bruce. Cette fois, c'est Alfredo qui a un accident, assez grave pour l'éloigner définitivement de la coupole. Le trio se reforme avec un nouveau voltigeur. Fou de jalousie de voir sa femme travailler avec un autre partenaire et continuer seule à briller, il finit par la tuer et retourne ensuite l'arme contre lui...

Desprez tente également de trouver de bons numéros de force pure ; il en présente un à la saison 1924. La force, mais aussi le courage et le sens de l'équilibre sont bien souvent présents dans les numéros de casse-cou que Desprez affectionne tout particulièrement, au point de modifier la composante de ses spectacles. Le groupe aérien Pigetty exécute un numéro de balancier en vol, tandis que les Astonis créent « L'envol de la mort », habillés en gladiateur, l'un d'eux retenu uniquement par la mâchoire... En 1924, Cliff Aéros, bardé de cuir, surprend le public en exécutant « Le plongeon de la mort », qui le fait dévaler du haut de la coupole, de planche en planche ! En 1930, Miss Ringens réalise des plongeons acrobatiques de 15 mètres de hauteur pour arriver dans un bassin de 4 mètres de diamètre ! Un saut en l'air en parachute est également présenté. D'autres numéros sont aussi programmés pour les amateurs d'acrobatie au sol : le vélocipède – la petite reine chère au cœur des Français – fait une entrée fracassante sur la piste, bientôt suivi par l'automobile.

Page de gauche : Les Astonis, acrobates aériens, au cirque d'Hiver. **Ci-dessus :** « L'envol de la mort », un tour de force réalisé en 1926 par l'athlète Pomi au cirque d'Hiver. Par la seule force de ses omoplates Pomi tirait un char « à la romaine » ! **Double page suivante :** Les Raluy's dans leur création unique au monde : l'homme et la femme canon. En 1940, Luis Raluy présenta au cirque d'Hiver un numéro inédit de double projectile humain. Une attraction « à sensation » où les artistes risquent leur vie à chaque représentation. Le plus difficile était de bien retomber dans le filet, en un demi-saut périlleux...

Les casse-cou

En 1859, Blondin, en maillot de soie rose, avec un pourpoint pailleté d'or et un casque de cuivre empanaché, traverse sur une corde tendue les chutes du Niagara en exécutant des exercices ou en portant un homme sur son dos. Cette traversée spectaculaire, où à tout instant il risque sa vie, fait de lui l'un des premiers « casse-cou » français et tente beaucoup d'autres funambules. Vers 1860, Émile Maîtrejean est l'un des premiers à créer le numéro « L'homme-obus » au cirque d'Hiver : au moyen d'un canon, il est propulsé dans les airs vers un trapèze. D'autres artistes l'imiteront, comme le célèbre Joe Holtum en 1876. En 1927, c'est Hugo Zacchini qui reprend le numéro dans ce même cirque, en retombant dans un filet. Le gymnaste Raoul Monbar imagine le numéro « La torpille humaine » : l'artiste s'allonge dans un chariot lancé sur un plan incliné ; le choc de l'arrêt le propulse en l'air jusqu'à un trapèze. Sous Desprez, les Pigetty réalisent pour la première fois de l'histoire le numéro du Pendule dit aussi « Roue de la mort » : quatre roues symétriques à l'intérieur desquelles l'artiste doit garder son équilibre. À travers l'évolution du matériel utilisé dans ce numéro, les casse-cou imaginent des variantes de plus en plus risquées, car le but est d'aller toujours plus vite ou plus haut. Dans les années vingt, le journaliste G. Fréjaville posait déjà le problème de la performance et du risque pris par les trapézistes : « Il y a quelque bassesse [...] à faire croire que l'intérêt du spectacle est dans le risque couru, et non dans l'exécution sûre et parfaite d'un travail bien réglé. »

Ci-dessus : Les Pigetty ou l'acrobatie aérienne sur pendule, au cirque d'Hiver : une attraction inédite sous Gaston Desprez. Les roues sont en rotation rapide, mues par le mouvement des artistes. Pourtant, à l'intérieur de ces roues, ces derniers réussissent des équilibres et des « poses plastiques ». **Page de droite :** Affiche présentant le numéro de « La femme obus ». La légèreté de la tenue ne doit pas faire oublier la difficulté de l'exercice. Le canon pouvait propulser son « obus » sur une distance d'une cinquantaine de mètres !

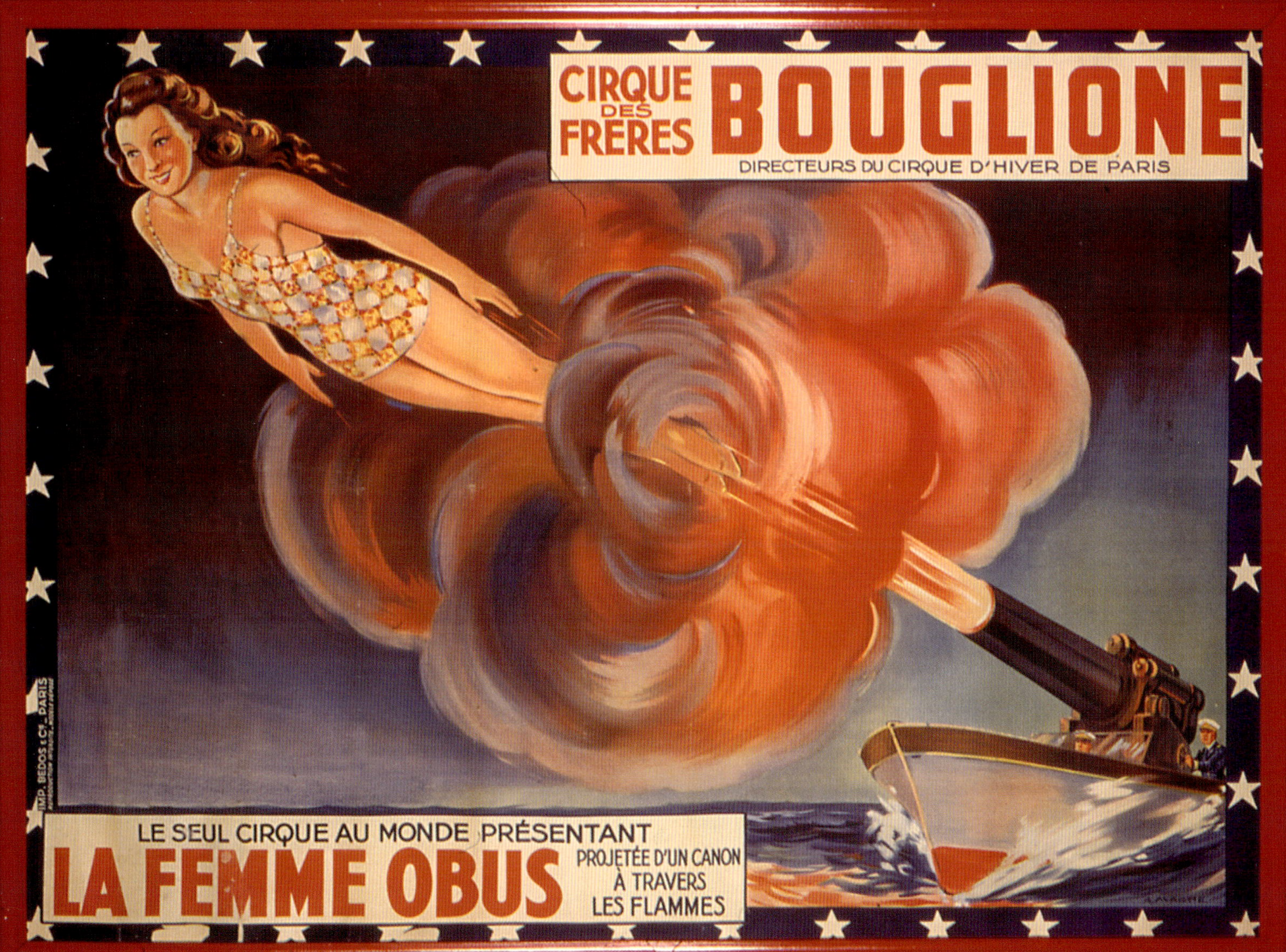
CIRQUE DES FRÈRES BOUGLIONE
DIRECTEURS DU CIRQUE D'HIVER DE PARIS
LE SEUL CIRQUE AU MONDE PRÉSENTANT
LA FEMME OBUS
PROJETÉE D'UN CANON
À TRAVERS
LES FLAMMES
IMP. BEDOS & Cie PARIS

et ses Chiens

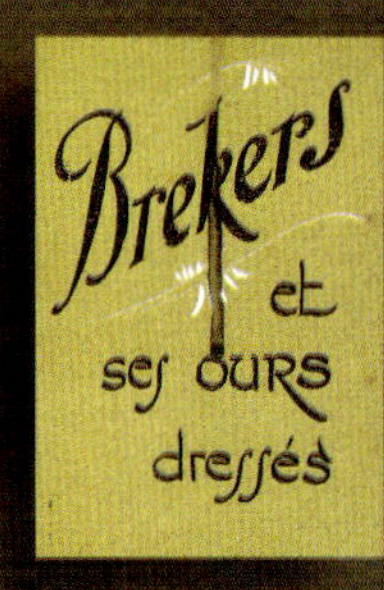
Brekers
et
ses ours
dressés

Les animaux savants

L'art du dressage existe dès le XVIIe siècle sur les foires et les places publiques, où l'on ne dressait que les animaux familiers – les animaux sauvages étaient simplement exhibés. À la fin du XVIIIe, Astley présente des « animaux savants », c'est-à-dire des chiens et des singes à qui l'on a appris certains tours. Le cirque s'approprie cette attraction et diversifie les espèces en présentant des ours, des cochons et des otaries, celles-ci étant naturellement douées pour la jonglerie. Vers 1800 la famille Franconi met au point les premiers numéros d'animaux dressés, avec des ours ou des éléphants. Le fils d'Antonio, Laurent Franconi, écuyer dresseur, est le premier en France à ajouter aux exercices équestres du Cirque olympique des montreurs d'animaux – les ours et les oiseaux. Quelques années plus tard, Coco, le cerf apprivoisé et dressé par Laurent, devient une vedette parisienne en franchissant d'un bond huit hommes et quatre chevaux et en supportant qu'on tire des coups de feu entre ses bois. Il évolue aussi sur une poutre. Coco acquiert une telle renommée qu'il est présenté au couple impérial en 1810. Laurent dresse ensuite des moutons, capables de tirer une calèche miniature pour promener le roi de Rome ! En 1875, on retrouve au cirque d'Hiver un nommé Coco, travaillant sous la direction de Victor Franconi, mais le vrai Coco a pris sa retraite depuis longtemps... En 1887, Karl Hagenbeck fonde en Allemagne un cirque ambulant et bientôt une école de dressage : buffles, lamas et hippopotames commencent à envahir la piste. Les chimpanzés débarquent au début du XXe siècle avec le cirque Bostock. En 1914, son directeur, Franck Bostock, possède à Glasgow un cirque-ménagerie dont le pensionnaire célèbre est alors un chimpanzé prénommé Consul et réputé être le premier singe savant importé en France. Habillé en frac, il se sert d'une fourchette et fume le cigare. À cette période, le dresseur est souvent habillé en clown. Ainsi Pépino, clown de profession, devient un remarquable dresseur de chiens ; dans son numéro il présente ses chiens montés comme des chevaux de course par des singes-jockeys. Lorsque, en 1928, Gaston Desprez le reçoit au cirque d'Hiver, il y montre un numéro de cochons. Le dialogue entre le clown et ses animaux est prétexte à la parodie, tout comme l'avait fait Billy Hayden avant lui. À cette époque, on toilette les caniches « à la lion » : le dresseur se fait dompteur pour rire – telle fut la grande réussite de Fauvet au cirque d'Hiver. Toujours au cirque d'Hiver, le kangourou se fait boxeur. Mais c'est le chimpanzé qui garde les faveurs du public : il est adroit et drôle lorsqu'il singe l'homme dans ses activités quotidiennes. Le macaque est plus rare, mais moins docile que le chimpanzé ; il cherche souvent à faire des fugues dans les gradins ! Et pourtant, Aidyn Israfilov en présente un dans le spectacle *Trapèze* du cirque d'Hiver (2001).

PAGE DE GAUCHE : CLOWN DE PROFESSION, FAUVET DRESSE DES CHIENS, TANDIS QUE BREKERS PRÉSENTE UN EXCEPTIONNEL NUMÉRO AVEC DES OURS. **CI-DESSUS :** PÉPINO, «LE ROI DU DRESSAGE», VERS 1925. CELUI-CI TRAVAILLAIT EN AUGUSTE, VÊTU D'UN COSTUME À GRAND DAMIER ROUGE ET BLANC, ET DRESSAIT CHIENS, SINGES OU COCHONS...

La tradition acrobatique

Le mot « acrobate » vient du grec et signifie « celui qui marche sur la pointe des pieds ». Aussi, en Occident, l'acrobatie équestre ou à terre est avant tout un exercice d'équilibre, d'agilité et de force. Les acrobates au tapis exécutent leur numéro sur une simple pièce d'étoffe, en plein air ou sur la piste. La discipline distingue les sauteurs des athlètes, contorsionnistes et autres antipodistes. Vers 1845, Jean-Baptiste Auriol est tout d'abord un acrobate au tapis, puis devient sauteur avant de s'aventurer à la voltige équestre. Il s'envole de ses pantoufles puis les réintègre après un double saut périlleux ! Le saut rythme les entrées clownesques, jusqu'à ce que le clown prenne la parole (1864). À la fin du XIXe siècle, d'anciens hercules délaissent leurs poids au profit du mains à mains, issu du répertoire classique des saltimbanques : l'artiste, enduit de blanc, monte en équilibre sur un autre corps et se fige dans une pose plastique, souvent réalisée à l'abri des regards. La pose finale montrée au public est alors qualifiée de tableau vivant, tant elle imite des poses connues de la statuaire classique. Après la Première Guerre mondiale, les Athéna renouvellent le genre du mains à mains. André Ackermann, ancien élève des Beaux-Arts, sut, avec son partenaire, associer la force à la grâce. Au cirque d'Hiver, vers 1925, chaque élévation est présentée au ralenti, chaque geste est maîtrisé. Entre force pure et esthétisme, le numéro apparaît comme une démonstration d'acrobatie. À leur suite, les Kemmy's hantent la piste de Desprez en montant sur un podium lumineux, la peau fardée d'un produit qui les rend d'albâtre. Depuis l'an 2000, la tradition lancée par les Athéna est reprise par le groupe des Golden Pyramide. S'inspirant des poses de la statuaire grecque, trois athlètes au corps couvert de poussière d'or proposent un numéro entre équilibre et force, sous les rais de lumière colorée de la piste. En 2001, enroulée dans des voiles, Elena Borodina crée un numéro d'équilibre pur, qui est un hommage à la grande danseuse Isadora Duncan. Tout aussi ancienne, la contorsion est une forme particulière de l'acrobatie : le corps s'étire et s'enroule sur lui-même. C'est ce qu'ont réalisé Oréval – surnommé « Elastic man » – au cirque d'Hiver, vers 1925, et plus tard le trio Tony Joe. De tout temps, les acrobates se sont affranchis de la pesanteur pour se transcender et devenir des êtres nouveaux, presque surhumains.

CI-DESSUS : ORÉVAL, ARTISTE DE CONTORSION PURE. IL SE FAISAIT APPELER « ELASTIC MAN », OU ACROBATE CAOUTCHOUC, CAPABLE D'EXÉCUTER DES DISLOCATIONS AVANT ET ARRIÈRE, ET DES DÉSARTICULATIONS. ICI, DANS UN NUMÉRO AU CIRQUE D'HIVER, VERS 1925. **PAGE DE DROITE :** LE TRIO TONY JOE, CONTORSIONNISTES ET ÉQUILIBRISTES, CHEZ DESPREZ, VERS 1925. **DOUBLE AGE SUIVANTE, À GAUCHE :** LES KEMMY'S AU CIRQUE D'HIVER, ACROBATES AU TAPIS, ENTRE ART ET FORCE. **À DROITE :** LES EXPLOITS ACROBATIQUES D'ORÉVAL.

ORÉVAL

Ci-dessus : Affiche vantant la force de l'athlète Fortunio. Issu d'une famille de dompteurs, Fortunio exécutait un numéro, entre « mains à mains » et force pure. **Page de droite :** La troupe des Clérans, dans un numéro de « mains à mains », pendant une tournée du chapiteau Bouglione. L'acrobatie au tapis pouvait se travailler sous chapiteau ou à l'extérieur, pour le plus grand plaisir des badauds.

Les spectacles

« Au seul nom du cirque d'Hiver de Paris, toute l'aristocratie foraine d'antan semble se dresser et revivre. » Ferdinand Pailhon, directeur de la publicité au cirque d'Hiver, est l'auteur de cet éloge figurant dans le programme destiné à faire parler de la salle qui reste sans conteste la plus belle de Paris. Elle a vu naître le cirque et laisse de nouveau tomber des paillettes dans ses couloirs. Paru dans *L'Européen* d'avril 1929, un article de Pierre Blondeau, contrôleur chef, administrateur général et bientôt gendre de Gaston Desprez, relate non sans humour l'ambiance générale qui règne au contrôle avant un spectacle, dans ce que les gens du métier appellent « la boîte à sel ». Large guérite en bois cernée de verre, elle abrite ceux qui délivrent les billets gratuits aux invités. Dans son article, Pierre Blondeau définit son rôle comme celui de la première personne que l'on aborde en entrant au cirque, le contrôleur... : « Le contrôleur chef est aussi redouté que celui des contributions [...]. On attend de lui un sourire qui rassure. Mais comme il n'a pas toujours le temps, on lui tend son billet, timidement. Le contrôleur est le cerbère de l'établissement. C'est aussi le chef du service d'ordre. Il a sous sa direction le personnel des guichets, du contrôle, les gardes municipaux, et quelquefois les ouvreuses [...]. À côté de lui siège un monsieur à l'œil sévère. On sent à son allure qu'il n'est pas de la maison. C'est un contrôleur de l'Assistance publique. Son devoir est de veiller à ce que tout le monde verse la taxe due à l'État et aux pauvres. L'habileté du contrôleur chef consiste à faire rentrer les amis, à la barbe du représentant du fisc. »

Chaque année, le cirque d'Hiver fait « peau neuve ». Au début de la saison, Desprez améliore le confort et modernise la salle, des éclairages à la piste. En 1929, le grand tapis de piste, usé par le galop des chevaux, est restauré. Les journaux de l'époque rapportent que des femmes y ont passé des heures entières à ratacher les mailles à l'aide de puissantes aiguilles ! Gaston Desprez constitue autour de lui une équipe bien soudée. Il nomme Pitau codirecteur, et André Desprez chef de piste. Lavata, de son vrai nom Louis Dassonville, ancien écuyer devenu clown puis régisseur, entre au cirque d'Hiver en tant que régisseur général. Desprez fait appel à de grands artistes, quelle que soit leur nationalité : il veut redonner au public parisien l'envie d'aller au cirque d'Hiver. Il y parvient et, dans le succès général, les applaudissements reviennent surtout aux clowns et aux exercices équestres.

Ci-dessus et page de droite : Émile P. Loyal. Descendant d'une des plus illustres familles de cirque, il devint auguste et choisit le costume de soirée trop étroit pour lui. Avec sa minuscule voix de fausset, il imposa son personnage dans les pantomimes dialoguées. Sa silhouette rappelle celle du « tramp » américain, ce clown vagabond mal rasé, né aux États-Unis après la crise économique de 1929.

En 1923, Émile P. Loyal (1886-1965), descendant de l'illustre famille, est un acrobate qui s'affirme comme auguste, même si ses gesticulations en piste le prédisposent plutôt à être un clown « excentrique », dans la mouvance du clown anglo-saxon, le tramp. Le tramp est apparu lors de la crise économique américaine de 1929 : il incarne le clown vagabond, le clochard endimanché. À cet effet, il porte la chemise bouffante d'un blanc impeccable, un pantalon trop court sous une redingote noire étriquée, des gants beurre frais beaucoup trop longs pour lui. Son comique est léger et simple sa présentation, sans accessoire, si ce n'est un parapluie dépourvu de baleines. Ce tramp est représenté par Charlot, personnage créé dans les années vingt par l'acteur Charlie. En 1924, l'artiste de cirque Charlie Rivels – de son vrai nom Charles Andreu – se fait connaître du public parisien comme le « véritable et unique sosie de Charlie Chaplin ». Il est le fils aîné d'une famille d'acrobates. Dirigé par son père, il exécute avec ses frères, sous le nom des Rivels, un numéro d'acrobaties aériennes comiques. Mais c'est surtout l'imitation du personnage de Charlot qui lui fait de la publicité. Dans ces mêmes années la ville de Londres organise un concours auquel sont conviés tous les sosies du grand Chaplin dans son rôle de Charlot. À cette occasion, le vrai Charlie Chaplin se glisse parmi les candidats et n'obtient que... le deuxième prix ! Charlie Rivels remporte la première place et ce pour une raison très simple : il avait reproduit les gestes à la même vitesse que celle vue à l'écran. Le jeu du véritable Charlot, lui, était plus lent car, pour rendre les mouvements naturels, la vitesse de la prise de vue cinématographique des débuts du cinéma était plus rapide qu'actuellement. Le succès de Rivels au cirque d'Hiver décide Gaston Desprez à le placer en tête de ses affiches placardées dans Paris. Dès 1928 Rivels lance au cirque d'Hiver la mode des « charlotades » : pot-pourri d'acrobaties équestres ou tauromachiques présenté par un artiste grimé en Charlot.

Grâce à son professeur, le clown Ilès, Loyal crée un personnage d'auguste, à mi-chemin entre la tradition – l'habit de soirée – et la nouveauté de l'auguste au costume à carreaux. D'autres clowns s'affirment sur la piste du cirque d'Hiver : ce sont les Walter père et fils, qui se produisent deux années de suite, en 1928 et 1929. Alexandre Little Walter (1879-1937) est l'un des premiers augustes modernes. Il porte la longue veste à carreaux, et est à la fois optimiste et orgueilleux. Mais il apparaît aussi en clown blanc. Son fils, Joe Little Walter, est, tout comme É.P. Loyal, un auguste excentrique, dit le « fou musicien », parce qu'il joue d'une vingtaine d'instruments.

Page de gauche : Charlie Rivels en Charlie Chaplin, mimant une attitude du « Kid ». Son succès ne tenait pas seulement à sa ressemblance avec le célèbre acteur : il ponctuait son imitation d'évolutions acrobatiques au trapèze volant, dans un numéro comique. **Ci-dessus :** Les Walter, père et fils, en augustes excentriques ou « clowns musicaux ». **Double page suivante :** L'auguste Rhum (Henri Sprocani). Vers 1920, pour les augustes, la mode était à choisir son pseudonyme sur la carte des spiritueux. Celui-ci portait son surnom à merveille puisqu'il campe un pochard, avec légèreté et fantaisie, aux côtés des clowns Dario-Bario.

Le clown

Dès 1890, le clown s'est trouvé un partenaire en face de son personnage d'« auguste » ; celui-ci a changé son comportement pour devenir le clown blanc. Dans ce duo, c'est lui qui prend le pouvoir, et pour le montrer il adopte un costume voyant : le « sac », bouffant et pailleté, ou un manteau recouvert de pierres en cabochon, strass et paillettes cousus sur de riches étoffes. Chaque tenue est unique, car l'artiste cherche une seconde peau qui révèle sa personnalité. Son maquillage aussi se distingue nettement de celui de l'auguste qui ne prétend pas au « bon goût » mais, avec ses couleurs trop vives, vise à provoquer le rire. Au contraire, tel qu'il apparaît à l'origine avec Foottit, le clown blanc est une élégante figure poudrée de blanc, au fin trait rouge carminé sur les lèvres et à l'accent circonflexe noir au-dessus des sourcils, dont la courbe et la forme sont spécifiques à chaque clown. Au XXe siècle, le clown blanc reste un personnage hors du temps, celui qui maîtrise le chaos naissant sur la piste. Après Foottit, Little Walter est auguste aussi bien que clown blanc. En clown, il porte le sac en satin et le boléro. Tout comme lui, Antonet (1872-1935) incarne un personnage autoritaire, voire tyrannique, dans la tradition de Foottit : original, son charisme éclipse celui de l'auguste, aux bizarreries duquel il refuse de se soumettre. À cette fin, Antonet se crée une garde-robe extravagante mais élégante ; il est le premier clown blanc à introduire les paillettes dans son costume pour le rendre plus luxueux. Au cours de sa carrière de clown (1905-1920), il porte le sac ou le manteau ample brodé dans le dos. D'un goût excellent, il s'inspire de la mode et aux paillettes associe des roses, des plumes de cygne ou de marabout et des rubans dénoués. Son jeu caustique et fin fait de lui un modèle de l'art clownesque. Quant à Alex (Alexandre Bugny de Brailly), il est célébré pour son élégante silhouette et ses somptueux costumes entièrement pailletés ou à broderies et dentelles. Il est peu maquillé, a la tête rasée comme un mime et surplombée d'une simple touffe de cheveux, et son jeu est dépouillé ; il est le partenaire d'Achille Zavatta de 1941 à 1955. Pipo Sosman père, né en 1891 dans une grande famille de cirque, fut un prestigieux clown blanc. Il sait se faire respecter de l'auguste : avec ses gestes, son élégance et son léger accent, il s'affirme comme le partenaire idéal de l'auguste Rhum, lequel, à ses débuts, s'est imposé grâce à Charles Manetti, clown de tradition, qui lui a permis de personnaliser ses entrées avec fantaisie. Cependant, aux yeux des artistes, le modèle reste François Fratellini. Le jeu de cet ancien voltigeur équestre est aérien et dynamique et ses costumes d'une élégance plus épurée. Pierre Étaix poursuit cette tradition en brodant et en peignant lui-même ses sacs, à motifs de paons ou de papillons brodés, et en veillant lui aussi à ce que ses costumes décorés aient des tissus légers qui lui permettent de se mouvoir. Francesco Caroli reprend la tradition d'un clown impérial, haute silhouette drapée dans un manteau sombre, alors que son neveu Alberto Caroli s'affiche au cirque d'Hiver avec ses sacs pailletés ou peints. En 2002, c'est toujours dans des costumes d'une grande richesse que Yann Rossyan exécute ses numéros au cirque d'Hiver.

Ci-dessus : Comme peint au pochoir, le maquillage tout en finesse de François Fratellini (vers 1925). **Page de droite :** Les Andreu. Ils concurrencèrent les Fratellini et devinrent la meilleure troupe de clowns espagnols d'avant-guerre. Ils passèrent au cirque d'Hiver en 1929 et firent un triomphe. Charlie Rivels, dit « Charlot », était le pitre, Paul le contre-pitre et René le clown.

Page de gauche : Les Dario-Bario. Le clown, Dario Meschi, se reconnaît au premier regard : son maquillage, c'est « ce signe bizarre qu'il porte au-dessus de l'œil droit [...] caractère chinois, harpon, ou interrogation précise [...] qui vous accroche justement bien comme une signature [...], un sceau magique de son invention » (Tristan Rémy). **Ci-dessus, de gauche à droite :** Le célèbre clown Francesco Caroli et sa fille Micky, au cirque d'Hiver. Alberto Caroli et Yann Rossyan, deux clowns pour un seul spectacle, *Le Cirque*, en 2002, au cirque d'Hiver. **Ci-dessous :** Les Caroli dans leur loge ; de gauche à droite : Ernesto, Enrico et Francesco. **Double page suivante - Page de gauche : de haut en bas et de gauche à droite :** Le clown Cyerillo, vers 1920 ; l'auguste Porto ; les clowns Charles Manetti et Pipo Sosman. **Page de droite :** L'auguste du duo les Jovers. **Double page suivante :** Les Caroli, lors de leur première entrée comique montée au cirque d'Hiver en 1934. **De gauche à droite :** Enrico, Francesco, Ernesto et le clown hongrois Gutenberg.

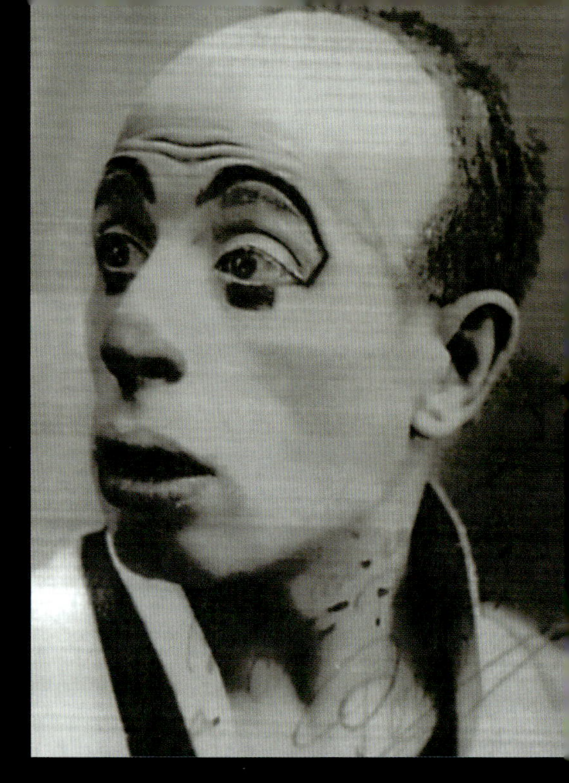

CIRQUE d'HIVER

G. DESPREZ
·Directeur·

ALBERTO

TOUS
LES
JOURS
20
Attractions

FRANCESCO

LES FRATELLINI

CIRQUE d'HIVER

PAOLO

LOCATION: Roquette 12-25
Métro: RÉPUBLIQUE

Imp. DUVAL et BEDOS. 14 Av. Félix Faure · PARIS ·

1927

L'auguste

Vers 1870, le comique prend le dessus sur l'acrobatie avec la mode des clowns parleurs. Officiellement, c'est Tom Belling, un écuyer anglais grimé et habillé de guenilles, qui crée le type de l'auguste en France, vers 1877, au cirque Franconi. L'auguste cultive une désinvolture dans l'accoutrement, un sens de la démesure dans son costume – trop grand ou trop petit – et son comportement en piste. Il dialogue avec le maître

de manège, avec l'écuyère, avec les animaux. L'auguste Billy Hayden passe pour avoir lancé la mode des chaussures d'une longueur extravagante. Son costume bouffant porte dans le dos le mot « confiture », parodiant la vogue des clowns qui brodent alors leur nom. Vers 1900, l'auguste prend de l'assurance. Son maquillage s'accentue sans qu'apparaisse encore le faux nez rouge. Seule une pointe carminée parachève souvent son appendice nasal. À cette époque son costume se compose encore de la culotte bouffante, du boléro et du col à la Claudine. Né en Belgique, Little Walter (1879-1939) est le premier grand auguste moderne. Influencé par ses séjours en Angleterre, il lance la mode du costume de l'excentrique anglais : chapeau melon à bords très relevés, veste d'étoffe, canne et chaussures pointues : une sorte de gentleman burlesque et prétentieux. Il est suivi par ses confrères qui portent désormais la jaquette noire, le gilet blanc et le gibus en accordéon. Mais bientôt Walter imagine de nouvelles tenues pour ses numéros au Nouveau Cirque : le gilet s'allonge, les manches s'étirent. Puis apparaissent des coupes larges avec la culotte à fond ballant et les chaussures démesurées à clous qui correspondent davantage à la personnalité de l'auguste. À sa suite, le costume de ville est délaissé pour les étoffes à carreaux. Little Walter affine son jeu et enrichit le répertoire des fameuses entrées. Il a beaucoup d'émules, tels Beby ou Lavata, qui devient régisseur de piste chez Desprez (1923). Peu maquillé, Beby choisit le costume ample à damier noir et blanc.

Page de gauche : Les débuts des Fratellini au cirque d'Hiver, en 1924. **Ci-dessus :** Affiche annonçant la troupe des Caroli au cirque d'Hiver. **Ci-contre :** L'auguste Albert Fratellini. **Double page suivante :** Affiche : tête de l'auguste américain Lou Jacobs (détail). Son grimage, inspiré de celui d'Albert Fratellini, est connu du monde entier. En 1952, sa tête est placardée dans le cirque d'Hiver à l'occasion de la première du film *Sous le plus grand chapiteau du monde*. La famille Bouglione la placera ensuite comme emblème de son cirque sur les chars de parade.

Mais en fait c'est surtout son attitude statique, dans un corps carré tout en force contenue, qui crée chez lui l'auguste. Grock, fils spirituel de Little Walter, reprend l'habit à grands carreaux de couleurs, tout comme Albert Fratellini. Mais leur jeu est très différent : Albert (1886-1961) porte tous les costumes, se travestit avec des robes trouvées chez les fripiers et se découvre un masque original, qu'il dit lui-même avoir mis cinq ans à parfaire. Le noir, le blanc et le rouge se marient aux mèches de ses cheveux parfois verts. Une paillette collée sur chaque paupière illumine son regard, car le masque, selon lui, doit cacher la régularité des traits et ne montrer que l'extravagance du rôle. Il utilise le faux nez rouge, tout comme Charlie Rivels, qui pour sa part a choisi le nez carré en pâte à modeler pour son numéro de cascadeur comique : Charlie a pris pour modèle, on l'a vu, le Charlot de Charlie Chaplin, le clown de la ville moderne, industrialisée. Rhum (1904-1953) est cavalier aussi bien qu'acrobate, musicien, cascadeur. Dans le trio Dario-Bario, il apporte une touche d'originalité à son rôle, mais c'est son partenaire, le clown Charles Manetti, qui lui permet d'enrichir ses entrées comiques avec beaucoup de fantaisie. Après la Seconde Guerre mondiale, Achille Zavatta (1915-1993) va incarner la modernité, en étant à la fois comédien, dresseur, acrobate et chanteur fantaisiste. Il épure son texte, ses gestes et son maquillage tout en restant dans la tradition du cirque. Il n'a pas un numéro pour la saison mais chaque soir improvise – ainsi devient-il l'auguste le plus accompli. Les Rudi-Llata, ces trois frères espagnols que l'on découvre au cirque d'Hiver en 1961, retiennent l'attention par leurs costumes originaux, parfois à base de paillettes, et par leurs entrées axées autour de deux augustes grimés et costumés de la même manière. Pepete Pauwels a quant à lui beaucoup travaillé au cirque d'Hiver. Avec ses fils, il forme à peu près le seul trio clownesque à rester fidèle à la tradition du comique acrobatique. À la même époque, Annie Fratellini est l'une des rares femmes augustes. Elle porte le faux nez rouge, quelques points de couleur et la perruque rousse à effets. Elle cache sa féminité sous un grand manteau à carreaux de couleurs, sobre, tout comme son jeu qui est plein de poésie. Le plus contemporain de nos augustes est David Larible. En 2001, il reçoit le clown d'or, une récompense méritée pour cet artiste italien. Son costume à carreaux noirs et blancs et son gilet sont ceux de Beby, mais sa carrure puissante et son jeu léger réinventent le répertoire des entrées en faisant pleinement participer le public. L'idée de la casquette de Gavroche lui vient de son modèle : le kid de Charlie Chaplin. Ainsi voit-on – à l'inverse du clown blanc qui considère ses costumes comme une seconde peau – que ce n'est pas le vêtement ou l'accessoire qui fait l'auguste, mais ce qu'il exprime avec son corps. Albert Fratellini confia un jour au jeune Michel Serrault : « Les gens croient que c'est mon nez rouge et ma perruque qui font rire... Ils se trompent ! Ça vient de là. Ça ne vient que de là », a-t-il dit en montrant son cœur...

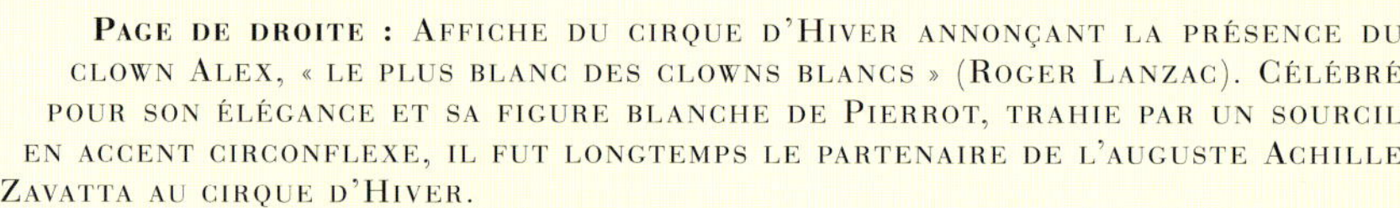

Page de droite : Affiche du cirque d'Hiver annonçant la présence du clown Alex, « le plus blanc des clowns blancs » (Roger Lanzac). Célébré pour son élégance et sa figure blanche de Pierrot, trahie par un sourcil en accent circonflexe, il fut longtemps le partenaire de l'auguste Achille Zavatta au cirque d'Hiver.

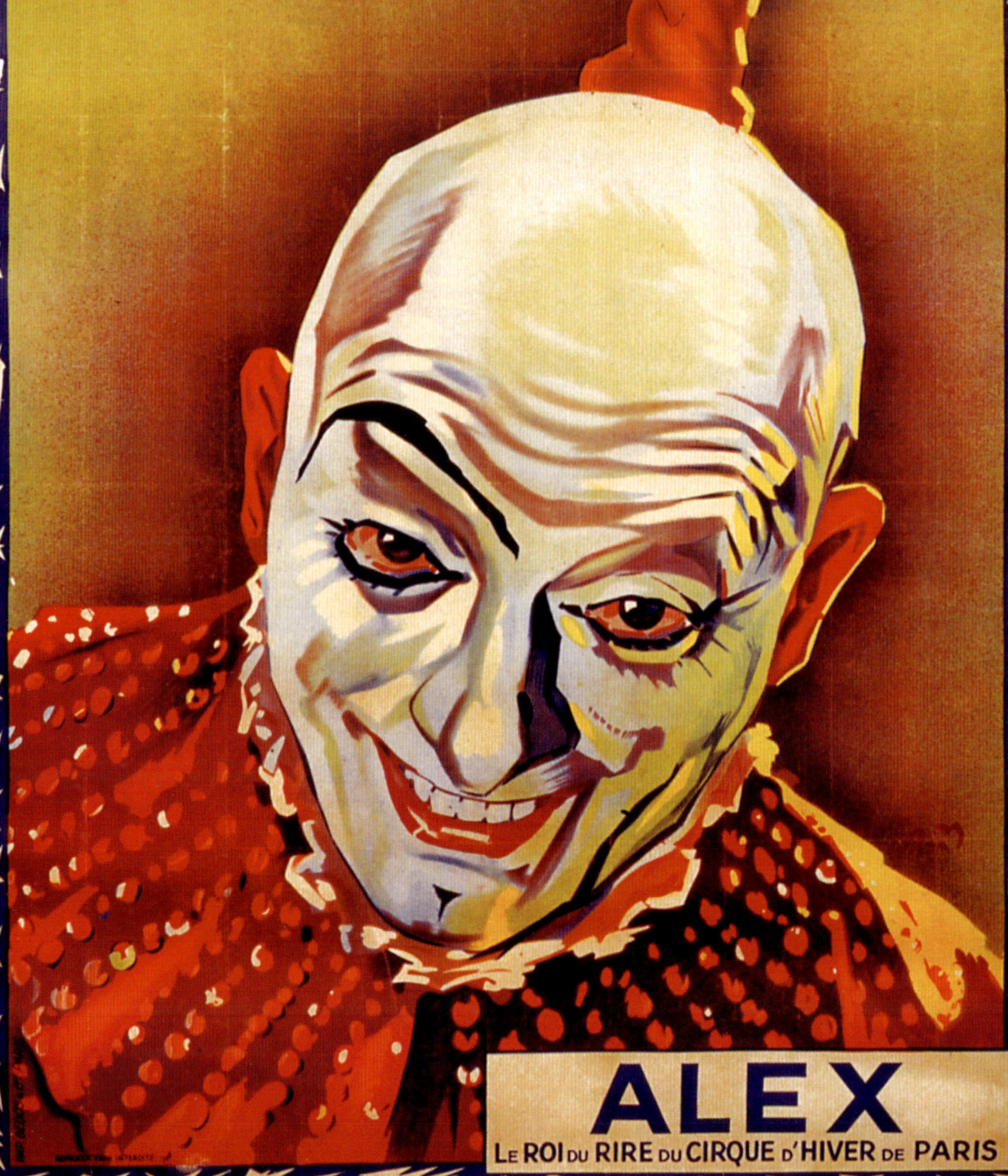
CIRQUE DES
4 FRÈRES
BOUGLIONE
LES BARNUMS FRANÇAIS
ALEX
LE ROI DU RIRE DU CIRQUE D'HIVER DE PARIS

Les Fratellini au cirque d'Hiver

« Les clowns les plus célèbres du monde entier qui ont amusé les rois, les princes, les peuples et les enfants du monde. » (affiche anonyme, cirque d'Hiver, *ca* 1950) Les Fratellini entrent de plain-pied dans le monde du cirque en 1909 et créent leur légende moins de dix ans plus tard. Après un périple en Europe, c'est en pleine guerre qu'ils reviennent conquérir Paris où ils sont engagés au cirque Medrano en 1915, le cirque d'Hiver étant devenu une salle de cinéma. Geronimo Medrano est un acrobate et clown d'origine espagnole. Surnommé Boum-Boum, l'artiste rend populaire le petit établissement montmartrois qui porte alors le nom de cirque Fernando, avant d'en devenir directeur et d'y apposer son propre nom en 1898. Lorsque Gaston Desprez reprend la direction du cirque d'Hiver en 1923, Paul, Albert et François Fratellini sont encore sous contrat avec Bonten, un ancien artiste devenu directeur du cirque Medrano après la maladie de Geronimo. Or Bonten refuse l'augmentation que les Fratellini lui demandent, invoquant comme explication le fait que leur contrat n'est pas terminé. Son rival du cirque d'Hiver profite de cette occasion inespérée pour engager ces clowns déjà célèbres. Il leur promet de prendre en charge le procès pour rupture de contrat, et leur offre le double de leur salaire. Le 24 octobre 1924, les trois frères font leurs débuts sur la piste du cirque d'Hiver et font le vide chez Medrano... Comme pour Rivels ou les Codona, Desprez en fait rapidement des têtes d'affiches placardées partout dans Paris : leur photo illustre la couverture de tous les programmes et orne les murs de la capitale avec, en médaillon, les masques des trois clowns. Après les avoir engagés comme pensionnaires pour un contrat de longue

Page de gauche : photographie du trio Fratellini au cirque Medrano, avant 1924. C'est là qu'ils acquirent leur réputation de drôlerie et de gentillesse dans un répertoire d'entrées très variées. **Ci-dessus :** Programme du cirque d'Hiver de 1931 mettant en vedette les trois Fratellini, devenus les directeurs artistiques du spectacle de Gaston Desprez.

durée, Desprez décide de les nommer directeurs artistiques, dans un évident souci de publicité. Leur présence embrase la piste légendaire du cirque d'Hiver. Paul incarne le « bourgeois », l'homme de la rue qui reste dans la norme et l'explique aux autres ; il porte le gilet, la redingote, le haut-de-forme et le monocle. Il est l'aîné du trio, et c'est sans doute lui qui remodèle les entrées et les rôles pour la salle de Desprez. Son maquillage est sobre, et les rides de son visage plissées à propos lui donnent cet air particulier qui fait de lui un mélange subtil de clown et d'auguste. Albert est auguste, mais il est tout le contraire de Paul. Bariolé de couleurs et croulant sous les accessoires, il incarne l'enfant qui provoque les catastrophes et reçoit les gifles. Il adopte les attitudes et les vêtements les plus extravagants. François est l'élégant clown blanc, sage et plein de bon sens dans son habit pailleté. Aussi, quand Desprez les engage, il a conscience que leur présence va transformer ses spectacles et faire de son établissement le lieu où il faut venir. Les Fratellini ont tant de succès que d'autres cirques usurpent leurs noms. En 1930, le trio est obligé de faire valoir son talent face aux imposteurs : « Trente ans de travail nous ont été nécessaires pour acquérir le talent de clowns que nous possédons et que nous sommes heureux de soumettre à votre appréciation [...]. Et vous n'oublierez pas que les vrais Fratellini du cirque d'Hiver de Paris sont vos tout dévoués Paul, François et Albert Fratellini. » En 1924, ils se produisent en seconde partie, tandis que les clowns Ilès et Loyal ouvrent le spectacle. Ils doivent alors imaginer des effets percutants pour se démarquer. Ils constituent le premier trio de clowns, et en cela ils ont plus de liberté dans la mise en scène, mais ils doivent aller plus loin et faire du spectaculaire afin d'inciter les spectateurs à revenir

Ci-dessus : Les Fratellini sortant de leur garage boulevard Clichy pour se rendre au cirque d'Hiver.
Page de droite : Le trio Fratellini dans l'une de ses entrées.

plusieurs fois : interpréter l'ancien répertoire, renouveler leur entrée chaque semaine et toujours étonner, telles sont désormais leurs tâches. Car le public du cirque d'Hiver est exigeant et la salle beaucoup plus vaste – et donc moins intimiste – que celle de Medrano où ils ont fait leurs débuts. Aussi remanient-ils leurs entrées et les étoffent en ajoutant des dialogues et des accessoires, en privilégiant les intermèdes musicaux – mis à la mode par les clowns musiciens – et les finals à grand spectacle, même si la comédie en souffre parfois. La recherche en matière d'éclairages, de danses et de défilés prend une importance qu'elle n'avait pas jusque-là, et l'on assiste à de véritables mises en scène musicales. Vincent Scotto compose les partitions de leurs fantaisies musicales comme *La Trompette en bois*, et l'orchestre du cirque, dirigé alors par Raphaël Pompilio, les accompagne... Les Fratellini font le spectacle à eux seuls ! Et ils n'hésitent pas à mettre leurs enfants à contribution pour diversifier leurs effets. La fameuse entrée de « La corrida » devient ainsi une comédie, *La Fête à Séville*, où Albert se glisse au milieu des exécutants, costumé en monstrueuse danseuse de flamenco. Si le trio s'ingénie à trouver un rôle à chaque membre de sa famille, il multiplie aussi les accessoires pour attirer l'attention. De l'araignée géante aux scies musicales, des fausses têtes aux costumes, leur loge ressemble à un magasin de curiosités. Michel Serrault l'a comparée à « une caverne incroyable avec une centaine d'accessoires suspendus au plafond, le trombone à pistons et le tuba voisinant avec le fameux chien en tubes métalliques ».

De l'aveu unanime, la qualité principale du trio est sa gentillesse ; les trois frères reçoivent volontiers les enfants dans leur loge pour les maquiller et leur montrer le fonctionnement de leurs accessoires.

Les Fratellini participent à des galas de bienfaisance ou rendent visite aux enfants malades des hôpitaux. Dévoués à bien des causes, ils savent que beaucoup d'enfants de Paris et de sa banlieue n'ont jamais eu l'occasion de les voir en spectacle. Avec la complicité de Gaston Desprez, ils organisent pour eux des soirées au cirque d'Hiver. En 1926, les Fratellini quittent Paris et partent en tournée – la province, puis l'Europe – jusqu'en 1928. Ils voyagent en Belgique, en Allemagne, en Hollande, en Italie... À leur retour, ils inaugurent leur nouveau restaurant de nuit, un bistrot rue de Bretagne à l'enseigne des *Trois Fratellini*. À l'intérieur, ils s'affichent partout, des murs aux assiettes. En 1929, ils reviennent au cirque d'Hiver avec « L'entrée de la laitière », laquelle est jouée par Albert. Ils y restent jusqu'à la fin de leur contrat, en 1934. En 1950, Albert se produira encore seul avec ses neveux – les Craddocks. En décembre 1932, Pierre Blondeau quitte le cirque d'Hiver pour prendre la direction d'une agence artistique avec Léon Reiffers – ex-administrateur du cirque Hagenbeck – afin d'apporter une nouvelle impulsion sur le plan des échanges d'attractions et d'artistes internationaux en matière de spectacles. Desprez voit son équipe se réduire et déjà se profiler les dernières années.

Ci-dessus : Les Fratellini prennent l'avion. Les tournées les emmenèrent ainsi jusqu'en Belgique, en Allemagne, en Hollande, en Italie et en Suisse. **Page de droite :** Le cirque d'Hiver en 1929. De retour de leurs tournées, les Fratellini reviennent au cirque d'Hiver, pour le plus grand bonheur de la direction Desprez, ici réunie devant l'entrée principale.

CIRQUE
D'HIVER
LES FRATELLINI
du 23 AOÛT au
19 SEPTEMBRE
CLIFF AÉROS
ROW-LI-ERS
SENSATIONNELLE
COURSE FAUVES
GALLIANO
INCROYABLE
D'AUDACE
LA LOCATION EST OUVERTE SANS INTERRUPTION DE 10h à 18h
PALO
ONYX
ENTRÉE SECONDES
IMPAIRS
LA
de 10h à 18h
ENTRÉE des SECONDES
Nos PAIRS

Les dernières années

Les années trente procurent de grands tracas à l'administration Desprez. Les frais de fonctionnement d'un cirque stable sont très élevés et ne peuvent s'amortir en une saison. Et puis, Gaston Desprez est connu pour ses largesses : il n'hésite pas à accepter un bon artiste qui se présente à lui, sans discuter son cachet, même si le programme de la saison est déjà bouclé. Ainsi, lorsque Grock – qui est une vedette internationale – accepte de travailler au cirque d'Hiver en janvier 1933, il exige d'être payé non pas au cachet mais en percevant la moitié de la recette du jour ! Et Desprez accepte. Cette générosité artistique réduit ses bénéfices et l'oblige à faire voyager sa troupe sous chapiteau. Il lance alors sur les routes de France ses caravanes aux couleurs jaunes et bleues, ornées du portrait des trois Fratellini. Le spectacle laisse une large place à la famille des clowns. Dans les cinémas, on applaudit le documentaire intitulé *La Vie d'un cirque* (1933), où l'on voit les Fratellini évoluer dans un cirque ambulant, celui de Desprez. Cette tournée commence brillamment, puis connaît des creux de vague. Pour combler le déficit financier de la tournée, Desprez et Coucheman – son associé depuis quelques années – ont deux idées. En premier lieu, installer un zoo chauffé dans le cirque d'Hiver pour accueillir les animaux de l'établissement et attirer ainsi les visiteurs. Le zoo reçoit son public pour 2 francs, et le convie au repas des fauves le matin, à onze heures trente précises. Pour montrer plus d'animaux, Desprez fait construire une ménagerie de 900 mètres carrés, à charpente métallique, à l'emplacement des dépendances et de la cour de la rue de Crussol. En 1933, on peut y voir « la plus belle collection d'animaux ; le plus instructif et captivant spectacle », selon les termes mêmes du programme. Ce sont des éléphants, des léopards, des loups, des coyotes, des kangourous, des ours polaires, des phoques de Californie, des lamas... et tous les fauves habituels. En 1929, à l'occasion d'une exhibition nautique, Desprez a songé à une seconde transformation qui puisse asseoir définitivement la réputation de sa salle dans toute l'Europe : remplacer la sciure par de l'eau et construire une piscine ! L'idée n'est pas récente mais Desprez s'en empare. En effet, les premiers spectacles nautiques datent de 1886 avec l'ouverture du Nouveau Cirque de la rue Saint-Honoré. Au cirque d'Hiver, pour que les artistes puissent plonger du haut de la coupole, Desprez fait construire un bassin en ciment de 4 mètres de diamètre au centre de la piste, muni de hublots de projection lumineuse. L'eau est chauffée par des résistances électriques. Ce bassin nautique remporte un tel succès que la direction décide de mettre en scène des spectacles aquatiques, prélude à la reprise des pantomimes. En 1931, c'est *Le Carnaval de Grenade*, avec la participation de la cavalerie de Truzzi. Écuyer apparenté aux Franconi, il scande ses évolutions équestres de mises en scène féeriques. Une vague étoilée de costumes pailletés inonde la piste : ce sont les danseuses évoluant autour des fontaines, tandis que ses chevaux portent des mantilles de dentelles et des châles fleuris. De savants jeux de lumières et de fluorescences se projettent sur les fontaines lumineuses, mettant en valeur l'artiste. En effet, au tout début des années trente, l'éclairage électrique révolutionne la vie quotidienne et bouleverse les loisirs et les arts du spectacle, en remplaçant la douceur romantique des becs de gaz par une lumière très vive. Au même moment l'éclairage au néon (inventé en 1910) permet des jeux de lumières colorées. La nouvelle ère des pantomimes commence en décembre 1931 au

Ci-dessus : Construction de la piste nautique, en 1933. Les Bouglione y jouent leurs plus grands succès. Elle servira aussi de fosse pour présenter les fauves dans des jeux « à la romaine ».

cirque d'Hiver avec *La Chasse à courre*. À travers un rideau circulaire de tulle transparent encerclant la piste pour la transformer en forêt, les ballets se succèdent, entrecoupés de sketches orchestrés par les Fratellini. Au tableau final, sangliers, biches et cerfs traversent la piste, poursuivis par une meute, tandis que les piqueurs sonnent les fanfares de chasse ! Cette fantaisie équestre et musicale s'inspire des pantomimes Franconi et des exercices du cerf Coco. La cavalerie d'André Rancy rend sublime la représentation. Le triomphe de ces spectacles féeriques incite Gaston Desprez à voir grand. Il imagine la construction d'une piste nautique de 13 mètres de diamètre pour y jouer des pantomimes. Inaugurée en novembre 1933, elle déchaîne l'enthousiasme du public par les mises en scène modernes qu'elle permet. Réalisée en béton armé, elle est dotée d'un plateau central mobile et pèse 20 tonnes, avec plans d'entrée et de sortie inclinés. La piscine a 4,20 mètres de profondeur – notons ici que les travaux ont mis au jour les anciennes fondations des réservoirs du XVIIIe siècle. Son ossature est métallique et sa machinerie a été rachetée au cirque allemand Busch. Les planchers sont ajourés ; la manœuvre s'opère au moyen de commandes électriques ; les eaux sont filtrées, aérées et chauffées. On peut agrémenter la mise en scène de jeux d'eau en cascades et de reconstitutions de torrents grâce à une moto-pompe. La scène du fond a une plate-forme donnant sur l'entrée des artistes. L'on rajoute quarante-quatre projecteurs en coupole et vingt en piscine. Les travaux sont réalisés par l'entreprise Castiglione et terminés en un mois. Mais la merveilleuse machinerie va être à l'origine de la ruine de Desprez. *Tarzan* est le titre du spectacle qui doit inaugurer la piste nautique, sous les auspices de Mistinguett. Venu du cirque Busch, en Allemagne, où il a connu un beau succès, *Tarzan* est annoncé partout comme le spectacle qu'il faut aller voir. Mais, monté à la hâte par un metteur en scène maniant peu la langue française, il ne fait qu'une seule représentation. Le cirque d'Hiver frôle la faillite. Pour relever la situation et tenter d'amortir le matériel et la publicité tapageuse faite autour de la piscine, les directeurs montent *Les Fratellini en Afrique* avec un ballet de danseuses et de nageuses, et des numéros de cirque pur. Grâce au talent des Fratellini et grâce aux textes de Roger Lion et à la mise en scène de Géo Sandry, la pantomime est un succès. Au début de l'année 1934, un nouveau spectacle enchante les Parisiens : *Les Fratellini détectives ou les Diamants du Radjah*, dans lequel ces derniers tentent de pêcher le monstre du Loch Ness au-dessus d'un bassin plein d'ours blancs. Le tout s'accompagne du plongeon de Suzanne Wurtz, entourée de flammes et suivie par des ours ! Malgré des spectacles de plus en plus extravagants, l'ingénieux mécanisme ne suffit toujours pas à rentabiliser les frais considérables que la piscine occasionne. Gaston Desprez continue d'exploiter le cirque en dur de Limoges, mais, le 2 juin 1934, il est obligé d'abandonner la gestion de la société d'exploitation du cirque d'Hiver, au capital de 1 500 000 anciens francs. À qui céder la place ? On chuchote le nom des célèbres frères Amar, directeurs d'un cirque depuis 1920. Mais c'est la famille Bouglione qui remporte l'enchère lors de la vente à la bougie du bail du cirque d'Hiver. Les Bouglione s'installent dans leurs nouveaux murs le 28 octobre 1934, à charge pour eux d'y présenter des spectacles de cirque.

Ci-dessus : En 1932, le cirque allemand Jacob Busch présente au cirque d'Hiver une pantomime nautique : *Les Nuits du Kalifat*. La piscine n'étant pas encore construite, une toile enduite sert de bassin. Pour le final, le bassin dispose d'un système de pompes qui permet des jeux d'eau, sublimés par la lumière.

CHAPITRE IV

Les rois du cirque

(1934 - 2002)

D'une ménagerie à l'autre
(des origines à 1934)

La famille Bouglione sauve une nouvelle fois ce lieu mythique de la démolition. Le registre de l'état des lieux, conservé dans les archives Bouglione, note qu'en octobre les études Delarue et Marsaux font l'inventaire de tous les biens immobiliers et mobiliers appartenant aux différents bâtiments du cirque d'Hiver, des plafonds peints jusqu'à la tuyauterie. Les peintures et les décorations doivent être refaites à neuf. La coupole reçoit des guirlandes électriques, réminiscence de ce que les Bouglione accrochaient au-dessus de leur chapiteau, comme le voulait la tradition de cette ancienne famille de cirque.

La première ménagerie Bouglione

Au début du XIXe siècle, leurs ancêtres s'installent en Italie du Nord. Le fondateur de la dynastie, Scipion, aurait été drapier à Turin. En 1840, marié à une tsigane du nom de Sonia, surnommée la « maîtresse des fauves », il prend avec elle la direction d'une ménagerie. Leur fils aîné, Michel, s'installe en France : la famille est essentiellement composée de dresseurs de chevaux et de montreurs d'ours. Au début, la ménagerie Bouglione se résume à une simple caravane et à une voiture-cage. Sampion Ier, le fils de Michel (1875-1941), possède à son tour une petite ménagerie foraine, qu'il exploite jusqu'à la Première Guerre mondiale. Il y montre un ours brun, un singe, deux hyènes, des lions... et un pélican. Les lions dressés par les Bouglione sont alors connus de tous les dompteurs, qui n'hésitent pas à acquérir à bon prix leur progéniture. Sampion porte une tunique de velours noir, un pantalon rouge de soldat d'avant-guerre et des godillots d'ordonnance assortis au pantalon. Son métier s'organise autour d'une cage centrale et de deux petites voitures-cages de 3 mètres, le tout compris dans un espace qui ne dépasse pas 20 mètres de long. Avant 1914, la famille Bouglione anime donc « Le palais des lions » à la foire de Saint-Cloud. Sur la façade, le visiteur peut lire « éclairé à l'électricité », pour l'inciter à entrer. S'il hésite, la parade le rappelle à l'ordre : un orchestre, d'où s'échappe le bruit tonitruant d'une grosse caisse, tonne en compagnie d'une partie des animaux de la ménagerie. La famille fait le boniment, décrivant ce qui va être vu à l'intérieur. Non loin du contrôle, la baraque accroche l'œil par un « tableau d'accident » : une grande bâche peinte, d'un réalisme criant, montre le dompteur terrassé par un lion, ce qui fait allusion à un accident réel ou imaginaire arrivé au héros, lequel ne doit sa survie qu'à un revolver et au secours de son fils. Le public gravit les marches de l'estrade, paye son entrée, et redescend dans la fosse afin d'assister au spectacle. Parfois, les plus jeunes de la famille passent dans la foule pour vendre une carte postale souvenir. En foire, les Bouglione font marcher une baraque de « skating », ou patinage à roulettes.

Page de gauche : Joseph Bouglione, dit « le Patriarche », à son bureau du cirque d'Hiver, dans les années trente. **Ci-dessus :** Portrait de Rosalie, l'épouse de Joseph Bouglione, aujourd'hui la doyenne du cirque d'Hiver. Dans la première moitié du XXe siècle, à la suite de Loïe Fuller et de bien d'autres danseuses, Rosalie exécutait, le numéro « La danse serpentine »... au milieu de la cage aux fauves de son père, Jules Van Been. **Double page suivante :** Grand panneau peint du cirque d'Hiver illustrant la ménagerie Bouglione en médaillon, avec le portrait de Sampion Ier.

Mais le bruit des canons de la Première Guerre mondiale vient remplacer celui de la grosse caisse ; la famille part alors en province. Quelques économies leur permettent de survivre pendant le conflit ; ils continuent à travailler dans une petite baraque foraine, mais la nourriture vient à manquer. Les fils de Sampion Ier – Alexandre (1900-1954) Joseph, nommé plus tard le « Patriarche » (1904-1987), Firmin (1905-1980) et Sampion II (1910-1967) – sont embauchés à l'équarrissage et rapportent de la viande pour nourrir les animaux qui leur restent. En 1916, malgré tous leurs efforts, ils doivent se résoudre à tuer les lions de la ménagerie, faute de pouvoir les entretenir. En 1919, grâce à des parents, les fils de Sampion Ier récupèrent deux lionnes, un ours et une hyène qu'ils montrent en foire. Leur ménagerie s'agrandit, et, en 1921, ils s'associent au cirque Périé pour se produire en foire. En 1924, la ménagerie Bouglione travaille toujours pour ce dernier. Sampion II aimerait se mettre à son compte, mais il lui manque un chapiteau et de l'argent pour faire les affiches. Il déniche un vieux chapiteau et, au cours de l'hiver 1926, Alexandre récupère en province un lot d'affiches de la tournée que l'Américain Buffalo Bill avait faite en 1904. William Frederick Cody (1846-1917), *alias* Buffalo Bill, était un chasseur de bisons doublé d'un héros de la guerre de Sécession. En 1880, il changea de métier. En 1883, aidé par un acteur, il décida de monter un show à grand spectacle : *Buffalo Bill's Wild West*, qui retraçait sa vie et ses exploits, au cours d'exercices de dressage de chevaux sauvages, de capture de bisons au lasso et de tirs à la carabine, sur fond de village d'un Far West réaliste où cow-boys et Peaux-Rouges évoluaient à cheval. En 1889 et 1904, Buffalo Bill décida de faire une tournée en Europe ; il laisse derrière lui un stock d'affiches qui illustraient des bisons ou des cow-boys et des Indiens s'affrontant dans le désert.

En haut : Portrait du dompteur Jules Van Been, portant la vareuse à brandebourgs. **En bas :** Papier à en-tête du « Palais des lions », l'établissement forain de Sampion Ier. Les toiles peintes présentent les actes de courage du dompteur, affrontant les ours ou les fauves.

Les Bouglione veulent reprendre cette formule du *Wild West Show*. En 1927, ils lancent une campagne à l'américaine, en utilisant pour l'affichage des images choc : l'attaque d'un convoi de trappeurs par une tribu peau-rouge. Pour la première qui a lieu au stade de Belfort, les spectateurs affluent, attirés par ces grandes affiches colorées misant sur un certain exotisme : le Far West ! Mais, les Bouglione sont inquiets. Ils ont peu d'animaux – à peine dix chevaux – et aucun artiste. Que vont-ils montrer ? Le public s'impatiente. La chance les poursuit : une terrible averse s'abat sur le stade et les empêche de faire leur show. Les jours suivants, les affiches continuent d'attirer les passants. L'argent récolté lors de ces représentations leur permet d'acheter du matériel, dont un chapiteau – disons une simple toile. Après le stade de Belfort, ils se produisent porte de Champerret jusqu'en 1929. Même si le spectacle n'est pas à la hauteur de celui de William Cody et de ses affiches, le public s'émerveille sur les gradins du Stade Circus Buffalo Bill. Une grande campagne publicitaire entretient la curiosité générale : pendant le spectacle, Sampion II campe sur la piste le vénérable Buffalo Bill, « le plus grand chasseur de fauves », et beaucoup de Parisiens viennent pour s'assurer qu'il ne s'agit pas du vrai ! Le show est un énorme succès... Les Bouglione ont fait mouche : c'est bien la formule que le public attend. Dans les années qui vont suivre, ils sauront devancer les désirs de leur clientèle et inventer une nouvelle forme de spectacle qui s'allie au cirque traditionnel. C'est la « patte » Bouglione ! En 1928, Joseph Bouglione épouse Rosalie Van Been, la fille du célèbre dompteur Jules Van Been. Avec son père, elle exécute la danse serpentine dans la cage aux fauves. Pour sacrifier à la tradition familiale, la bénédiction nuptiale a lieu dans la cage aux lions avec le ministère d'un prêtre qui, peu rassuré, reste à l'extérieur. Nés dans le monde du spectacle, les Bouglione font très bonne impression à leur arrivée au cirque d'Hiver. Dès la réouverture, toute la presse loue « l'attrait et la parfaite organisation de leurs programmes ».

En haut : Maquette d'une caravane Bouglione... Une famille, entre deux mondes. **Double page suivante :** Détail d'une photographie du cirque s'installant en ville, lors du spectacle *Buffalo Bill*, vers 1928. Les curieux admirent l'impressionnant matériel aux couleurs du cirque Bouglione.

A LA ROSE DE FRANCE
CAPITAINE
BUFFALO
BILL

CREDIT DU NORD
BUFFALO
BUFFALO
BILL

Les « Barnums français » *(1934-1941)*

Après les travaux, le cirque d'Hiver rouvre ses portes le 17 novembre 1934 : les frères Bouglione en sont les directeurs et Maxime Morin en est l'administrateur gérant. Joseph et Firmin sont dompteurs, tandis qu'Alexandre prend en charge toute l'administration. Sampion II est responsable du dressage de la cavalerie. Le logement de la famille Bouglione est encore précaire. Émilien se souvient : « Nous habitions dans des caravanes garées devant le cirque. Il y avait celle de mon père et celle de mon oncle Firmin. Pour avoir de l'électricité, on tirait des fils depuis le cirque. Mais il y avait aussi toute la famille garée dans le quartier, jusqu'à la Bastille et au boulevard Richard-Lenoir. » Ce n'est qu'après la Seconde Guerre mondiale que des appartements seront aménagés derrière le cirque d'Hiver, à la place des anciennes loges. La première représentation est un gala avec pour spectateurs Colette, Francis Carco et les principaux chroniqueurs de l'époque. Pour annoncer le spectacle, Joseph Bouglione a fait défiler ses éléphants en plein Paris. Au cours de la soirée Firmin Bouglione présente ses onze lions de Numidie et deux tigres du Bengale. La cavalerie Bouglione s'enrichit des chevaux tigrés d'Althoff, un autre grand directeur de cirque équestre faisant travailler quarante-deux chevaux !

Le public du cirque d'Hiver est immédiatement séduit par l'imposante ménagerie. « De même qu'il y a un démon du spectacle [...] il existe un démon des ménageries qui ne cesse de vous harceler [...] un serpent plus long, une girafe plus haute, une bête inconnue... On n'y peut rien. » Ces mots sont de Firmin Bouglione, et montrent combien sa ménagerie loge d'espèces variées.

Ci-dessus : Affiche Bouglione des années trente par Gustave Soury, annonçant un spectacle de Firmin Bouglione et ses tigres. **Page de droite :** Émilien Bouglione à côté de l'impressionnante mâchoire de l'un des hippopotames du cirque d'Hiver. **Double page suivante :** Affiche annonçant le spectacle *Buffalo Bill Circus Bouglione*, spectacle à l'américaine, sous l'immense chapiteau à quatre mâts. Dès 1920, l'affichiste Magne se spécialisa – avec l'annexion de la ménagerie foraine au cirque – dans les représentations d'animaux sauvages.

CIRQUE DES FRÈRES
BOUGLIONE

CAPITAINE BU

YAGEANT AVEC 4 MÂTS -

NE BUFFALO BILL
MÉNAGERIE
PHÉNOMÈNES
GRAND STADE BUFFALO
BILL
CAPITAINE
BUFFALO BILL
BILLETS
FFALO BILL
BUFFALO BILL
BUFFALO BILL
BUFFALO BILL EST LE PLUS GRAND CIRQUE DU MONDE
MÂTS - 3 PISTES ET 2 SCÈNES
A. MAGNE
BEDOS & Cie LITHOS

LE PLUS GRAND CIRQUE

D'autres le disent

BOUGLIONE

lui le prouve...

Liste officielle de ses animaux

10 TIGRES, 21 LIONS, 9 OURS BLANCS, 3 OURS NOIRS

3 HYÈNES 1 LACAON 2 PUMAS 2 PANTHÈRES

2 PANTHÈRES NÉBULÉES 2 HIPPOPOTAMES

8 ÉLÉPHANTS 20 SINGES 1 GIRAFE 8 CHAMEAUX

4 BUFFLES, 4 ZÈBRES, 1 LAMA, 2 ALPAGAS

2 GUANACOS 1 PHOQUE

LA DIRECTION ACHÈTE : Tous les animaux morts ou vifs pour la nourriture des fauves : foin, paille etc...

S'adresser au Bureau du Cirque

Pour 2 francs, les Parisiens peuvent assister au repas des fauves, toujours à onze heures précises. Mais cela devient vite difficile à gérer, et, bientôt, seuls les spectateurs du cirque d'Hiver y sont admis pendant l'entracte. Les Bouglione n'y laissent que les animaux qui travaillent en piste ; les autres sont parqués à Pavillons-sous-Bois. Leur ménagerie devient l'une des plus importantes de France, mais c'est l'exhibition d'animaux étranges qui va faire leur succès. Joseph Bouglione se passionne pour les serpents. En 1935, il décide de faire construire un vivarium dans la ménagerie pour y loger une cinquantaine de reptiles destinés à la féerie *La Perle du Bengale*. Son fils Émilien s'en occupe : « Un matin, raconte-t-il, alors que j'arrivais dans la ménagerie pour les nourrir, je m'aperçus avec stupéfaction que tous les reptiles s'étaient sauvés. Le vivarium était en bois et le chauffage avait fait travailler les lattes ! Il a fallu plusieurs semaines pour les retrouver tous... Certains s'étaient égarés dans les égouts. »
À leur arrivée dans l'établissement, les frères Bouglione décident aussi de faire revivre la pantomime, telle qu'elle existait sous les Franconi, mais en l'incorporant dans une suite de tableaux, comme au théâtre. À cet effet ils engagent en qualité de metteur en scène, fort de ses compétences acquises lors de ses créations théâtrales et cinématographiques, Géo Sandry . Il est celui qui va créer la « pièce de cirque » au cirque d'Hiver. Ainsi va-t-il donner un nouveau souffle au cirque. S'inspirant de l'expérience réalisée par Firmin Gémier, il décide de marier la piste à la scène et de créer, dans la tradition du Cirque olympique, la « féerie de cirque » qui s'achève par des feux d'artifice. Les numéros seront présentés à la faveur d'une intrigue ; une partie musicale servira de contrepoint aux textes récités.

La première création de ce genre, *La Reine de la Sierra*, date du 18 janvier 1935. Chaque tableau bénéficie d'une lumière particulière – les projecteurs sont utilisés comme au music-hall pour créer une ambiance irréelle

Page de gauche : Affiche d'une tournée Bouglione portant ce slogan : « Le plus grand cirque. D'autres le disent, Bouglione lui le prouve. »... Et l'une des plus belles ménageries de France. **Ci-contre :** Sampion III Bouglione et ses éléphants. Les éléphants sont l'une des composantes indispensables du cirque en tournée : ce sont les premiers animaux que le public aperçoit lorsque le cirque arrive en ville.

CIRQUE
UGLIONE

BOUGLIONE

présente

UN VRAI
SPECTACLE
DE FAMILLE

GUY DERLIN
(Le Capitaine)
et
GENEVIÈVE PERNET
dans

LA PERLE
du BENGALE

La Féerie du Cirque
10.000 Représentations à Paris

et frapper l'imagination du public. Le spectacle exige une importante figuration et la participation de nombreux choristes. Heureusement, le grand espace autour de la piste permet d'amples mouvements de foule : acteurs et chanteurs interviennent au cours de la représentation. Sous la baguette du *maestro* Raymond Brunel, *La Reine de la Sierra* est conçue dans le style des spectacles du Cinéma-Châtelet, avec d'importants tableaux dansés suivis de chevauchées et de combats. Le décor et la scène occupent un sixième des gradins. Le chef électricien se trouve derrière un clavier commandant des jeux d'orgues électriques. Sitôt le contact mis, les grosses lampes à hublot s'allument, tout comme les projecteurs automatiques ; et le plateau de la piste nautique monte ou descend en fonction des scènes. Le ténor de l'Opéra-Comique, Capitaine, se mêle aux numéros réalisés par Joseph et Sampion Bouglione. En octobre, *La Perle du Bengale* assoit définitivement la renommée du cirque d'Hiver. Avec son millier de représentations à Paris et en province, et sa reprise en 1954, la France entière découvre les spectacles Bouglione. Le principe de ces histoires féeriques devient une constante : les bons d'un côté, les méchants de l'autre ; et, entre eux, une femme courtisée. C'est dans les féeries Bouglione qu'Achille Zavatta se fait un nom.

Double page précédente : Affiche publicitaire du cirque d'Hiver en tournée au Brésil en 1951 : le cargo *El Gaucho* ressemble à une véritable arche de Noé. **Page de gauche :** Affiche pour *La Perle du Bengale*, lors de sa reprise en 1954. **Ci-dessus :** La même scène en photo, 1934.

Les Bouglione sont les premiers à lui donner sa chance. Il participe beaucoup aux mises en scène. Auguste, il sert d'entremetteur aux amoureux et travaille à la victoire de l'amour, en dépit des représailles des méchants. La trame est simple, mais les moyens employés sont modernes : ce sont d'immenses décors dressés devant la piste et la piste nautique, et fonctionnant au gré des tableaux. Les numéros sont entrecoupés de ballets et de chants, et plus de cent personnes participent au spectacle.

Dans *La Perle du Bengale*, l'action se passe en Inde. La Perle, incarnée par Germaine Duclos, est la fille d'un maharadjah, vendue sur un marché aux esclaves. Le décor reconstitue une partie d'un palais, en carton-pâte imitation marbre. Le premier tableau montre un souk oriental regorgeant de fruits, tandis que le suivant présente des numéros de cirque en situation où jongleurs et dompteurs viennent distraire le nabab. Repoussé par la princesse, ce dernier ordonne qu'elle soit jetée aux serpents. La piscine, remplie d'une centaine de boas et de pythons, reçoit les acteurs – la princesse et d'autres condamnés – hurlant, se débattant avec les reptiles enserrés autour de leurs corps ! Une cavalcade suit et c'est finalement le triomphe du bien sur le mal. La mise en scène de cette féerie exotique ne manque pas d'étonner le public. Les costumes sont superbes et les animaux de la ménagerie – tigres, éléphants et serpents – ajoutent encore au piment de l'histoire. En 1936 on donne *La Princesse saltimbanque*, puis en 1938 *Les Aventures de la princesse de Saba*, réalisées selon la même trame... Le succès de cette dernière est surtout dû à son tableau du « cheval plongeur » : celui-ci se jette dans la piscine depuis la plate-forme actuelle de l'orchestre ; or une hauteur de 10 mètres sépare l'arrière-scène du bassin ! Jusqu'en 1939, ces spectacles son et lumière voient défiler les meilleurs artistes du moment, qui s'y forgent une personnalité. C'est ainsi que les Bouglione ont conquis les cœurs, et un écrivain et ancien journaliste du cirque, Henri Thétard les surnomme alors les « Barnums français ». La déclaration de guerre de 1939 interrompt le rythme des féeries du cirque d'Hiver, qui présente alors des spectacles mixtes où les numéros de music-hall et les tours de chant compensent l'absence des artistes partis pour la « drôle de guerre ».

Damia, qualifiée de « grande tragédienne de la chanson », y donne un récital. À la fin de l'année, les frères Bouglione, qui étaient partis en tournée en Hollande, rentrent en France devant l'imminence des combats et la mobilisation d'une partie du personnel.

CI-DESSUS ET PAGE DE DROITE : DANS LES ANNÉES TRENTE DES PANTOMIMES EXTRAVAGANTES ET EXOTIQUES TELLES QUE LE *LA PERLE DU BENGALE* FONT LA RENOMMÉE DU CIRQUE D'HIVER.

Le cirque d'Hiver sous l'Occupation

Féeries et restrictions

Le 15 décembre 1940, Paul Busch, directeur du grand cirque berlinois Busch, « occupe » le cirque d'Hiver, tandis que sa sœur Michaela s'empare de Medrano. En novembre 1932, le cirque Busch était déjà venu se produire au cirque d'Hiver afin d'y présenter une pièce nautique. Cependant, dans Paris occupé, le spectacle continue : « Tous les jours, en matinée à quinze heures », peut-on lire sur les portes du cirque. C'est ainsi qu'il accueille les petits chanteurs de l'Opéra et Charles Trenet, dit « le fou chantant ». Raymond Brunel demeure le chef d'orchestre et Lavata est le régisseur général. Les bons artistes s'y font rares, du moins jusqu'à la fin de la réquisition, en mars 1942. Le samedi 22 mars, les Bouglione retrouvent leur maison et n'hésitent pas à cacher des résistants qui se mêleront à la troupe, vêtus en garçons de piste. En 1941, Sampion Ier était mort et ses quatre fils étaient devenus les administrateurs officiels du cirque. Faute d'artistes, ils se décident à reprendre le principe des spectacles mixtes, et ce jusqu'en 1944. Malgré la défaite, Paris souhaite oublier en s'amusant. Les Bouglione l'ont bien compris, c'est pourquoi ils n'hésitent pas à lancer sur la piste trois équipes de clowns. L'heure est aux galas de charité pour venir en aide aux plus défavorisés du moment. C'est ainsi qu'en matinée – à quatorze heures – ont souvent lieu des spectacles au profit des enfants des prisonniers français en Allemagne. Au cours de l'un d'eux, des spectateurs sont témoins d'une scène tragique. Alors que Jeff Van Been travaille en piste dans la pantomime *Carmen*, dans la salle deux soldats allemands font semblant de regagner leurs places. Arrivés à la hauteur d'une loge, et profitant d'un coup de feu à blanc tiré dans le spectacle, ils s'approchent d'un homme en civil et lui tirent de sang-froid une balle dans la nuque. La musique est si forte que le public ne s'aperçoit pas de cette exécution sommaire. Nul ne sut jamais qui était la victime.

Dès 1941 le rythme des spectacles s'accélère. Les Bouglione reprennent la formule instaurée par Busch qui combine galas et spectacles. Busch faisait salle comble, tout en programmant trois représentations par jour auxquelles s'ajoutaient les matinées du samedi, du lundi et du jeudi, soit trois fois plus que ce que proposaient les autres cirques français. Comme dans les autres établissements à cette époque, le spectacle commence à vingt heures précises pour se terminer avant le couvre-feu. Le public se presse pour applaudir la première de la pantomime *Blanche-Neige et les sept nains*, librement inspirée du conte des frères Grimm. Alex et Zavatta – le clown et l'auguste – y remportent un énorme succès en jouant deux médecins du roi. Pour l'occasion, la direction engage sept véritables nains, dont Pieral, promis à une très belle carrière cinématographique au côté des plus grands.

Ci-dessus : Le spectacle continue dans Paris occupé avec en 1941 le tour de chant de Charles Trenet, parti en tournée avec les parents d'Émilien Bouglione. « Trenet trouvait la caravane de mon père tellement belle, raconte Émilien, que ce dernier lui a dit : "Alors, ce sera votre loge !" »

À ce spectacle mixte, les Bouglione ajoutent des tableaux poétiques et chantés, comme celui, resté célèbre, de l'héroïne entourée de biches apprivoisées. Forts de leur succès, les enfants de Sampion Ier décident de monter *Carmencita*, suivie d'un *Robin des Bois* audacieux – on y fait l'éloge du roi d'Angleterre –, mais la chose n'est pas vraiment à la mode sous l'Occupation ! Émilien Bouglione se souvient : « Un jour, après le spectacle, mon père [Joseph Bouglione] a failli avoir de sérieux problèmes avec la Kommandantur : dans une des scènes de *Robin des Bois*, Marianne descendait l'escalier, un bouquet tricolore à la main. À la fin de la soirée, il apprend qu'il est convoqué à la Kommandantur, située alors place de l'Opéra. Les Allemands étaient furieux : "Ce bouquet tricolore, c'est une insulte à l'Allemagne !" Mon père riposte alors : "On peut toujours le remplacer par une croix." Heureusement pour lui, les Allemands crurent qu'il évoquait la croix gammée alors qu'il voulait parler de la croix de Lorraine, et il ne fut pas arrêté. Mais le bouquet disparut des spectacles suivants... »

Le 9 mars 1944, c'est *Ali Baba et les quarante voleurs* qui enthousiasme la salle parisienne, même s'il devient onéreux de monter une pantomime en ces temps de restrictions. On imagine la complexité d'une telle mise en scène et les imprévus qui, chaque soir, peuvent bousculer le scénario. Achille Zavatta en donne un exemple significatif : « Je me demande encore par quel miracle je ne me suis pas tué dans *Robin des Bois*. J'avais fixé un cordage à la coupole du cirque, située à 23 mètres de hauteur [...]. Au cœur de l'intrigue, je me bagarrais en piste avec des soldats anglais. [...] Je m'enfuyais parmi le public [...]. Parvenu aux gradins les plus élevés, j'agrippais ce fameux cordage et me jetais dans le vide. Par un mouvement de balancier, je piquais jusqu'au ras de la piste, et m'élevais ensuite dans les airs pour atterrir sur le perron [...]. » Toute la hauteur de la salle était ainsi utilisée, ce qui, à chaque fois permettait de monter un décor imposant et d'utiliser la piscine. Dans *La Reine de la Sierra*, une cascade surgie de rochers représentant le Grand Canyon, dégringolait depuis les gradins du haut jusqu'à la piste nautique.

Ci-dessus : Quand on est artiste, tout se perpétue... Portraits de la génération des quatre frères Bouglione qui s'installent au cirque d'Hiver en 1934. **Double page suivante :** Le cirque d'Hiver illumine Paris et s'affiche encore comme un établissement de « tradition ».

Après la guerre
Le cirque fait sa pub

Les armées alliées libèrent Paris en août 1944 ; on mâche désormais du chewing-gum et on s'essaie à parler américain. Émilien, encore enfant, est tout étonné de voir la ménagerie du cirque d'Hiver convertie en garage pour les véhicules de la Résistance : « Les F.F.I. sont arrivés avec leurs voitures dans les cours du cirque. Ils ont aussi voulu stocker des armes dans le hall. Je n'avais jamais vu autant de casques et de revolvers ! » Les années noires s'éloignent. Pour relancer leur société, les Bouglione remontent *Blanche-Neige* en 1945. En 1946, la salle du cirque d'Hiver est transformée et redevient l'une des plus belles d'Europe. Les Bouglione cherchent des coups de pub – « le stunt » – pour faire venir le public en masse. Le 30 octobre 1947, c'est le mariage du célèbre écuyer Francesco Caroli et d'Odette Bouglione. La cérémonie commence en fanfare sous la baguette de Raymond Brunel, puis c'est la ménagerie et la cavalerie paradant dans les rues de Paris, depuis le cirque jusqu'à l'église Sainte-Élisabeth. En 1948, le cirque d'Hiver est la première salle parisienne à présenter l'excellente troupe des Caroli, grande famille italienne d'acrobates équestres dont les représentants actuels sont des clowns blancs. La même année, la cavalerie Bouglione est reconstituée et défile sur les Champs-Élysées, précédant les voitures-cages. La ménagerie compte alors trente lions, vingt tigres, des panthères, des ours sibériens, des éléphants ; vers 1955 elle s'enrichira de spécimens plus rares comme le gorille Jacky – il pèse 400 kilos et est assuré pour la somme de 60 millions d'anciens francs ! Il deviendra la mascotte de la maison. En dehors des tournées, ces animaux restent désormais dans leurs quartiers d'hiver, situés à Bonneuil-sur-Marne. En 1951, les Bouglione s'embarquent pour un pari osé à bord du cargo *El Gaucho*. Ils risquent tout dans cette aventure qui les conduit pour quatre mois au Brésil, accompagnés de la ménagerie et d'une partie du chapiteau. De magnifiques affiches montrent le paquebot transformé en une véritable arche de Noé. L'audacieuse entreprise remporte un grand succès mais la saison des pluies oblige les Bouglione à rentrer en Europe. À leur retour, ils font escale en Afrique du Nord. En mars 1952, ils montent le *Circus on Ice* qui, entre des numéros de cirque, présente des glissades et des pantomimes dansées sur glace. L'année suivante, les cent printemps du cirque d'Hiver sont l'occasion de faire de nouvelles transformations en vue d'améliorer l'entrée des artistes. On monte aussi deux plates-formes afin de créer de nouveaux espaces : ces changements suppriment 82 places et la salle n'en compte désormais plus que 1 800. À l'entrée, les deux groupes équestres sont repeints et la marquise est déposée pour des raisons de sécurité.

Ci-dessus : Le service publicitaire aérien Bouglione. Un cascadeur-acrobate fait une démonstration au trapèze. **Page de droite :** En tournée, Joseph Bouglione fait lui aussi une démonstration de charmeur de serpent devant un jeune public fasciné... **Double page suivante :** « Cavalcade en ville » pour annoncer l'arrivée du cirque Bouglione.

UN TEL SPECTAC
NE PEUT ÊTRE CONT
IL FAUT LE VOIR

BOUGLION
BOUGLION

Les tournées

C'est en 1936 que le cirque Bouglione s'est élancé sur les routes de France pour sa première tournée. Durant l'absence de la troupe, la direction louait la salle parisienne – c'est ainsi que Grock a accepté de revenir sur une piste de cirque cette même année. En 1945, les Bouglione sont les premiers à reprendre la route, et pour leur tournée d'après-guerre ils s'offrent un chapiteau de quatre mille places !

C'est à l'Américain Phinéas Taylor Barnum (1810-1891) que l'on doit l'adoption du principe des gigantesques tentes hippodromes à trois pistes, et la création, avant 1870, du système du quatre mâts en ligne pour un cirque ambulant. Dès lors, la prospérité d'un chapiteau va se résumer à ses dimensions. Chaque mât central supporte une part importante de la toile de couverture : un quatre mâts peut accueillir jusqu'à huit mille personnes. Dès 1928, pour la tournée *Buffalo Bill*, un immense chapiteau central fera face à deux autres de trois mâts réservés au matériel et à la ménagerie. Lors de ses tournées, le chapiteau Bouglione se reconnaîtra ainsi à son immense espace à quatre mâts en ligne – dit mâts Eiffel – et à ses trois pistes. Cette imposante mise en scène fait toujours rêver les enfants. Elle nécessite toutefois une grande organisation. Alexandre Bouglione est le premier à comprendre le rôle primordial de la publicité pour un cirque itinérant. Quant à son propre rôle, c'est celui de l'« avant-coureur » : il organise les tournées et fait en sorte que tout soit monté pour l'arrivée des artistes. Avant de partir, Joseph Bouglione contacte les municipalités afin d'obtenir l'autorisation de dresser le cirque en ville. Il doit prévoir l'itinéraire et les différentes étapes. Trois mois avant son arrivée dans la localité, une première série d'affiches inondent les murs de la région pour annoncer l'événement. Un mois avant, il confirme au maire le passage du cirque et en informe la population par une deuxième campagne d'affichage précisant la date exacte de la représentation. Les Bouglione ont un concept publicitaire original : les artistes sont rarement nommés. Au lieu de miser sur eux, l'accent est mis sur des accroches typographiques comme « La plus belle cavalerie » ou « Les meilleurs clowns », attisant la curiosité d'un public fidèle qui s'attache à la performance et à l'esthétique plus qu'à un simple nom. L'avant-coureur règle aussi les problèmes d'électricité et d'eau, indispensables au fonctionnement du chapiteau et au bien-être des animaux. La veille du départ, un dernier groupe part en reconnaissance pour vérifier les routes : les bétaillères des éléphants et la cage à parc de la girafe sont très hautes ; les rues ne sont pas toujours praticables... Les routes choisies sont signalées par des flèches posées à la colle. Le soir même, toute l'équipe reçoit l'itinéraire à suivre.

PAGE DE GAUCHE : GROS PLAN SUR UN VÉHICULE BOUGLIONE LORS D'UNE TOURNÉE. CI-DESSUS : EN 1951, UNE PARTIE DE L'IMPOSANT MATÉRIEL BOUGLIONE EST EMBARQUÉE À BORD DU CARGO *EL GAUCHO*, POUR LA GRANDE TRAVERSÉE DE L'ATLANTIQUE.

UNITED STATES

CAISSE
BOUGLION

BOUGLIONE

Le lendemain, c'est un convoi de cent cinquante véhicules Renault qui s'installe en pleine ville. Le véhicule le plus admiré est alors celui de la direction, qui, par sa beauté et son confort, est surnommé « le Normandie de la route ». La ménagerie attire aussi le regard étonné des enfants. À leur arrivée dans une grande ville, les Bouglione font une « cavalcade ». Pendant longtemps, la cavalcade fut la seule publicité des cirques ambulants. C'est une promenade équestre au cours de laquelle la troupe défile à cheval afin d'annoncer sa présence en ville. Artistes et animaux se retrouvent sur des chars décorés et donnent un avant-goût du spectacle. Peu à peu, les grands établissements comme Pinder ou Bouglione en font un défilé où l'on exhibe dans les rues les principales attractions. Tout ce qui marche et roule est réquisitionné pour la parade qui précède le spectacle du soir. Le char des musiciens ouvre la marche, suivi de tous les autres dans lesquels les artistes prennent place : « Le soir même de la représentation, à la sortie des usines, des chars de carnaval sillonnaient les rues, montés par des danseuses, des clowns, des musiciens. Un troupeau d'une dizaine d'éléphants les suivait. » (Zavatta). Pour les féeries en tournée, une piscine de 45 000 litres d'eau est spécialement aménagée sous le chapiteau, équipée de puissantes pompes et d'énormes citernes fixées sur des camions ! Les tournées, annoncées par de magnifiques placards – affiches publicitaires – ont le même succès qu'à Paris.

Page de gauche : Sampion II et Joseph Bouglione embarquent à bord d'*El Gaucho* pour le début d'une grande aventure au Brésil. **Ci-dessus :** Même le char-cage de la girafe quitte le sol européen... À la découverte d'autres espèces exotiques. **Double page suivante :** L'immense cargo El Gaucho est prêt à accueillir une partie de la ménagerie Bouglione. Pari risqué pour les hommes, mais aussi pour les animaux, qu'il faut protéger des secousses de la traversée et des maladies.

BOUGLIO

BOUGLIONE

D'HIVER DE PARIS
CIRQUE DES
4 FRÈRES
BOUGLIONE
DIRECTEURS DU CIRQUE D'HIVER DE PARIS
MÉNAGER
CIRQUE
CIRQUE
CIRQUE
CIRQUE

BOUGLIONE
LE PLUS BEAU DES CIRQUES
DE L'ÉPOQUE
BOUGLIONE

« La griffe Bouglione »

La nouvelle génération Bouglione, issu de Rosalie et de Joseph donne un nouveau souffle aux spectacles et aux spécialités de chacun. Dès les années cinquante, les Bouglione ont renforcé la qualité de leur programme : ils accélèrent l'enchaînement de leurs numéros – il n'y a plus un seul temps mort –, et quant à leurs animaux dressés, ils sont exceptionnels. Ce sont les tigres de Jeff Van Been, la cavalerie d'Émilien (né en 1934), les éléphants de Sampion III (né en 1938) et les fauves de Firmin (né en 1933).

Sampion III présente ses éléphants en piste, vêtu d'une originale tenue de maharadjah. Il raconte volontiers que ces animaux sont très sensibles à la musique sur laquelle ils travaillent. Plusieurs des numéros font référence à leur origine asiatique, et la chabraque qui les recouvre est un textile broché du meilleur effet. Mais la veste rouge à brandebourgs est la plus couramment portée. Le nombre des éléphants dans un cirque est le signe de la prospérité de l'établissement : l'animal demande des soins constants ; de plus, il consomme 150 kilos de céréales et 100 litres d'eau par jour !

Émilien est l'un des premiers à mettre beaucoup de couleurs dans l'éclairage de ses numéros et à créer des effets, par exemple avec des bulles de savon, comme il l'a vu faire dans d'autres spectacles parisiens. Il dynamise aussi les numéros de groupe en retirant de la piste les personnes superflues : « Pour dix sur la piste, six travaillent, le spectateur n'arrive plus à se concentrer sur l'essentiel et cela supprime toute la valeur du numéro. » La cavalerie Bouglione est dressée par André Vasserot et Émilien lui-même, assisté de son épouse Christiane. Émilien est né le 20 juillet 1934, la veille de la signature de l'acte rendant sa famille locataire du cirque. Il fait son entrée dans le « cercle » à l'âge de sept ans, dans la pantomime *Blanche-Neige et les sept nains*. L'année suivante, il est en selle au côté de Zavatta. Émilien fait aussi les entrées de piste en compagnie des plus grands noms tels Grock ou les Fratellini. « Comme j'étais tout petit, plaisante-t-il, je pouvais passer en douce les accessoires ou servir moi-même d'accessoire en me glissant dans une boîte ou une machine à laver à l'occasion d'un numéro comique. » Émilien reprend l'exercice à cheval du *Courrier de Saint-Pétersbourg*, inséré dans un tableau qui rappelle la trame des anciennes féeries équestres. Le tableau sur *Davy Crockett* (1958) présente les deux cavaleries Bouglione et Glasner et une reprise du *Courrier du Texas*, où une bataille s'engage entre cow-boys et Indiens. Émilien amène sur la piste des « chevaux en liberté ». Ce sont des groupes de chevaux sans rênes exécutant les ordres de l'écuyer, à la voix et à la chambrière, ce long fouet utilisé pour le dressage. Il en présente douze, venus des quatre coins du monde. Monté sur un cheval andalou, il manie son écurie à la chambrière et accomplit lui-même un exercice de haute-école qui le rendra célèbre.

Double page précédente : « Le plus beau des cirques de l'époque » rappelle qu'il a vu l'Ancien et le Nouveau Monde. **Page de gauche :** Émilien Bouglione, dans le numéro « La Poste », créé en 1927 par le sauteur, danseur et excellent mime Andrew Ducrow. (**Double page suivante illustrant la cavalerie Bouglione.**) **Page de droite, en bas et à gauche :** La nouvelle génération de la cavalerie Bouglione avec Régina Bouglione, la fille d'Émilien, dans un numéro de haute-école, lors du spectacle *Trapèze* en 2001. Dans le numéro « La Poste », l'écuyer est debout sur deux chevaux ; il fait passer entre ses jambes d'autres chevaux dont il attrape les rênes afin d'en faire un attelage. Ce numéro vient d'une trame théâtrale, *Le Courrier de Saint-Pétersbourg*, où l'écuyer joue le postillon habillé en cosaque. Au cours d'un spectacle, le numéro peut aussi être intégré sous le nom de « Jeux romains ». Le costume porté est alors celui du gladiateur romain.

de Marakech

CLUB du CIRQUE

La ménagerie

Une ménagerie, c'est un espace réservé à la présentation des fauves et des animaux exotiques, enfermés en voiture-cage ou parqués en enclos. Le principe de la ménagerie itinérante apparaît en Angleterre à la fin du XVIIIe siècle. Elle intègre définitivement le cirque français à la fin du XIXe siècle. Entre-temps, entre 1870 et 1914, la ménagerie devient la principale attraction des fêtes foraines avec ses dompteurs. Auparavant réservé aux acrobaties équestres, le cirque se transforme à la même époque en un spectacle exotique montrant des animaux rares ou sauvages. Les propriétaires de ménagerie lui trouvent une fonction pédagogique : vers 1860, les caravanes de Hagenbeck sont les premières à circuler pour présenter leurs animaux venus des quatre coins du monde. À leur tour, les fauves deviennent le symbole du cirque. Beaucoup de ménageries sont à l'origine de cirques célèbres, dont celle de Bouglione. C'est vers 1920 qu'elles sont annexées au cirque. Tous les animaux étranges et exotiques sont le plus souvent la propriété de la ménagerie, cette annexe du « side-show » – autrement dit du spectacle d'à-côté du cirque, où l'on montre des attractions variées : les phénomènes, les fauves et les éléphants dressés. Le cirque acquiert une double identité. Sampion Bouglione, lui, travaille « en fosse » : les remorques de la ménagerie sont présentées au public dans les gradins. En France, à la fin du XIXe siècle, Bidel ou Pezon sont de grandes ménageries foraines. Bidel commence en foire en 1866 avec un singe, un boa et un caïman. Les exploits annoncés sont vrais ou fictifs, mais le dompteur joue toujours au héros et présente ses animaux comme de terribles monstres !

Double page précédente : Joseph Bouglione, alors directeur du cirque d'Hiver, reçoit le prix du Club du cirque, entouré de sa famille : de gauche à droite, Émilien, Sandrine et Sampion III.
Page de gauche et ci-dessus : Joseph Van Been, frère de Rosalie Bouglione, et ses lions dans un exceptionnel numéro de domptage au cirque d'Hiver, vers 1965.

En haut : Le téméraire Henri Dantès face aux fauves. **En bas :** Petersen, autre dompteur courageux, du cirque Straßburger, n'hésite pas à s'étendre sur un sofa, sous l'œil impérial de ses lions, réunis au cirque d'Hiver en 1928.

EN HAUT : FIRMIN BOUGLIONE VÊTU « À LA ROMAINE » DANS LA FOSSE AUX LIONS, MAIS POUR UN DRESSAGE EN DOUCEUR. **EN BAS :** UNE ANCIENNE DANSEUSE FORMÉE PAR FIRMIN BOUGLIONE, LA COURAGEUSE DOMPTEUSE CATHERINE BLANKAERT, AU CIRQUE D'HIVER.

Les nouveaux dompteurs

Depuis le choix, en 1888, du travail en arène, la présentation des fauves a changé. Mais c'est grâce à l'invention de la cage circulaire constituée de panneaux grillagés, en 1913, que le travail en voiture-cage des ménageries n'a plus de raison d'être. Désormais, le dressage est possible, avec des groupes de dix à vingt fauves laissés libres derrière les grilles. La cage est également adoptée pour les cirques stables. Le dompteur dirige l'animal à distance pendant le numéro, limitant les risques de recevoir des coups de griffes. Cette liberté permet des mises en scènes fantaisistes : certains dompteurs se montrent en pagne à peau de panthère, d'autres en tenue de policier ou d'explorateur, tel Clyde Beatty, portant le casque colonial avec un pistolet dans une main et une chaise dans l'autre, face à quarante fauves ! Les artistes de la seconde moitié du XXe siècle établissent une relation de travail et de confiance avec leurs fauves. Gilbert Houcke se veut dresseur et non plus dompteur. Il fait répéter ses tigres en public, en bras de chemise, dans une cage placée au centre de la ménagerie. À partir de 1963, il renonce au matériel encombrant des dompteurs et effectue un travail au sol et en douceur. Firmin Bouglione travaille également manches retroussées : « Le secret des dompteurs, affirme-t-il, c'est la faculté de comprendre les animaux et de créer un langage commun pour établir le lien entre eux et l'homme. » En 1935, son numéro de dressage de tigres devient un tableau : « Lions et tigres dans la fosse romaine ». La piste s'abaisse, la banquette se hérisse de grilles. Une loge se remplit de figurants en toge, tandis que Firmin, vêtu à la romaine, affronte douze lions et deux tigres dans la piscine transformée pour l'occasion. Un de ses élèves, le téméraire Henri Dantès, n'hésitera pas à s'étendre dans la cage, avec un « couvre-lit » de lions couchés sur lui. La profession compte aussi des femmes, telle Catherine Blankaert, une ancienne danseuse formée par Firmin. Au cirque d'Hiver, dans les années soixante et soixante-dix, elle passait pour une courageuse dompteuse, élégante dans son maillot de strass et ses hauts talons, nourrissant elle-même ses animaux. En 2001, Thierry Bouglione et son épouse présentent un magnifique numéro de tigres et de panthère, entre dressage et magie. Leurs fauves partagent leur vie et les considèrent, disent-ils, comme leurs véritables parents.

Ci-dessus : Catherine Blankaert face aux tigres de Firmin Bouglione. **Page de droite :** Quatre affiches Bouglione des années 70, mettant en valeur les animaux de sa ménagerie. **Double page suivante :** Émilien Bouglione photographié par Avedon. « J'étais tombé de cheval pendant le numéro de "La Poste", raconte Émilien. Avedon m'a demandé de ne pas me changer et de poser ainsi, avec ma blessure… et un python. »

LES 4 FRÈRES
BOUGLIONE
DU CIRQUE D'HIVER DE PARIS

LES 4 FRÈRES
BOUGLIONE
DU CIRQUE D'HIVER DE PARIS

LES 4 FRÈRES
BOUGLIONE
DU CIRQUE D'HIVER DE PARIS

LES 4 FRÈRES
BOUGLIONE
DU CIRQUE D'HIVER DE PARIS

Double page précédente : Dans la ménagerie du cirque d'Hiver, les éléphants de Sampion Bouglione prennent la pose aux côtés du mannequin Dovima. **Page de Gauche :** Sampion Bouglione III en maharadjah, présentant les éléphants de la ménagerie. **Page de droite, de haut en bas, et de gauche à droite :** Les éléphants du Cirque d'Hiver, présentés par Enny ; Émilien Bouglione à l'égyptienne ; Sampion III face à ses éléphants ; un exercice délicat d'équilibre, lors d'une pantomime. **Double page suivante :** Un mariage Bouglione à Bordeaux avec Roland Prin.

DÉMÉNAGEMENTS
J. Larnaudie
EMBALLAGES
7, RUE ALEXIS-MILLARDET · BORDEAUX · TÉL.
79 40
GA5

Cirque et cinéma

« Aussi paradoxal que cela paraisse, le cinéma qui, dès ses premières images, nous démontra [...] ses possibilités "illusionnantes" eut toujours besoin d'authentiques acrobates pour que soient filmées certaines prouesses. »

ADRIAN

Le cinéma s'installe au cirque d'Hiver en 1907, et en 1919 Charles Pathé vend un appareil et des films à la ménagerie Bouglione. Aussi, dès ses débuts dans le spectacle, la famille Bouglione entretient-elle des liens privilégiés avec ce qui va devenir le septième art. Avant la Seconde Guerre mondiale, des numéros de cirque sont donnés sur les scènes des cinémas parisiens comme celles du Paramount, du Rex ou du Cinéma Pathé. La direction annonce « sur scène, attractions » et, en fonction de la place, on assiste à de véritables féeries avec orchestre, girls ou acrobaties. En 1924, Joseph Bouglione présente ses lions à l'Alhambra, à Bobino et dans toutes les salles de cinéma dont la scène est assez vaste pour accueillir ses fauves. Le cinéma apporte alors une vision inédite du monde forain. Parallèlement, quelques séquences de films dont *Sous la griffe*, mis en scène par Christian Jaque en 1935, ou *Le Clown Bux* de J. Natanson, datant de la même année, sont tournées au cirque d'Hiver, transformé en studio pour la circonstance. La « griffe Bouglione », c'est d'avoir toujours su regarder du côté des États-Unis pour mettre en scène leurs spectacles. Les Bouglione s'inspirent très tôt de l'épopée américaine, celle de Buffalo Bill avec ses cow-boys et ses Indiens. En 1938, ils donnent une féerie de cirque, *La Princesse de Shanghaï*, dont l'action est entrecoupée de vues cinématographiques. Plusieurs des artistes présents sont des acteurs de studios vêtus de somptueux costumes. Géo Sandry, metteur en scène des pantomimes du cirque d'Hiver, est aussi, pour l'occasion, régisseur de cinéma. Par la suite, les mises en scène sont dignes des meilleurs westerns que connaît à peine le public français : pour *La Reine de la Sierra* (1935), les Bouglione acquièrent une diligence de cinéma, à grandes roues. Elle sera tirée par six chevaux au galop, tournant sur la piste et manquant de chavirer à chaque attaque d'Indiens. Les artistes ont de vrais colts à barillet tirant à blanc et des costumes de cow-boys importés des États-Unis. Autre clin d'œil : avec la sortie, en 1952, de la superproduction américaine de Cecil B. de Mille, *Sous le plus grand chapiteau du monde*, le cirque américain débarque au cirque d'Hiver. Dans le hall d'entrée et les couloirs circulaires, dans les coulisses et le bar, on remarque une tête de clown à l'américaine qui couvre les murs : c'est celle de l'auguste Lou Jacob incarné par James Stewart au cirque Barnum-Ringling Bros, Barnum and Bailey. À la même époque, les frères Bouglione s'inspirent des westerns pour réaliser des féeries de cirque. Ces pièces dites d'aventures tiennent compte de l'évolution du cinéma, avec une touche de music-hall. Une attaque de diligence et un rodéo sont les moments forts de ces fresques au décor de Far West... Dans les années soixante-dix, l'auguste Achille Zavatta constate que le public est surtout composé d'adultes ; sans doute viennent-ils voir au cirque ce qu'ils ne peuvent pas encore regarder sur le petit écran. Comme dans les westerns, le cheval se fait comédien. Dans l'exercice du cheval blessé, on tire un coup de feu, et l'animal s'affaisse, puis se relève péniblement en boitant... En 1954, Michèle Morgan fait ses répétitions au trapèze du cirque d'Hiver pour le film *Obsession*, dont le tournage a lieu au cirque Medrano. En 1955, avec les capitaux de la firme américaine Lancaster-Hecht, Carol Reed tourne *Trapèze* au cirque d'Hiver, avec Gina Lollobrigida, Burt Lancaster et Tony Curtis. Dès le mois de juillet, le cirque, la ménagerie et les loges sont envahis par une foule de techniciens, sous une lumière éblouissante.

DOUBLE PAGE PRÉCÉDENTE : DANS LA MÉNAGERIE DU CIRQUE D'HIVER, LES ÉLÉPHANTS DE SAMPION BOUGLIONE PRENNENT LA POSE AUX CÔTÉS DU MANNEQUIN DOVIMA. **PAGE DE DROITE** : GROS PLAN SUR BURT LANCASTER, GINA LOLLOBRIGIDA ET TONY CURTIS DANS *TRAPÈZE*. **DOUBLE PAGE SUIVANTE :** LES CLÉRANS, UNE TROUPE LÉGENDAIRE. LE VOLTIGEUR S'ÉLANCE DANS LE VIDE ET FAIT UNE DEMI-PIROUETTE POUR ÊTRE RATTRAPÉ PAR LE PORTEUR – CELA S'APPELLE « LE SAUT DE LA MORT ».

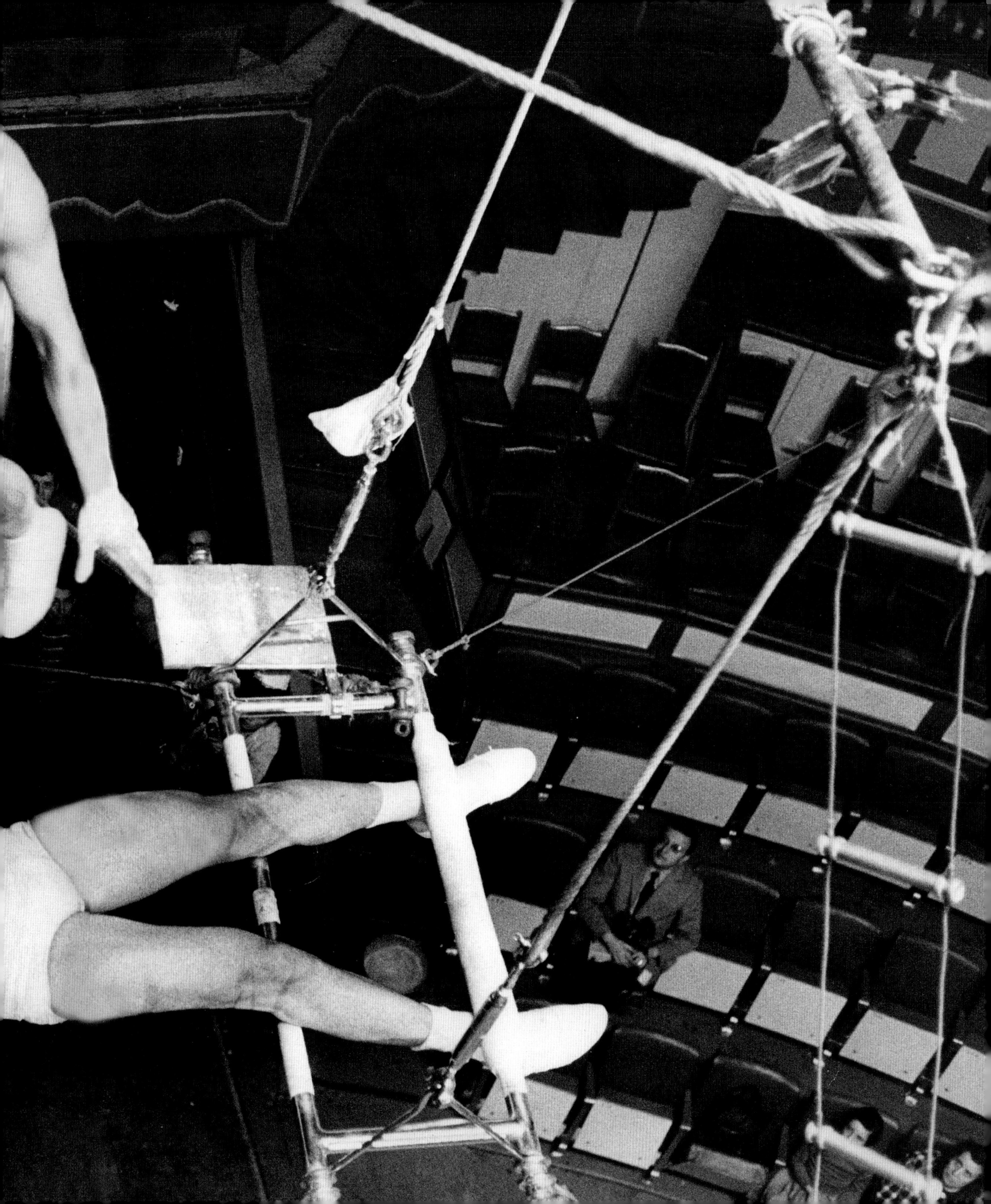

On élève une façade plus impressionnante au coin des rues Amelot et de Crussol. La décoration de la coupole et de la scène est revue en bleu et or. Une partie des loges du pourtour et des gradins fait place à des plates-formes investies par de nombreux projecteurs. Une caméra se balance à 23 mètres au-dessus du sol. Burt Lancaster, un ancien du cirque, refuse de se faire doubler pour certaines scènes. Quant aux autres vedettes, leurs doublures sont Eddy Ward, Sally Marlow... et Sandrine Bouglione doublant Gina dans ses exercices de voltige. Le 4 août, les producteurs du film organisent une grande parade publicitaire dans les rues de Paris avec les acteurs vêtus en acrobates. C'est l'occasion pour Émilien Bouglione de se lier d'amitié avec les trois vedettes. Il flâne souvent aux puces de Saint-Ouen en compagnie de Gina Lollobrigida. Homme de contact doué d'un charisme extraordinaire, Émilien sera l'ami des plus grands : de Salvador Dalí à Maurice Chevalier en passant par le prince Rainier III de Monaco... Et de bien d'autres encore, qu'il est impossible de citer ici tant ils sont nombreux. Il est aussi collectionneur dans l'âme : c'est lui qui a sauvé et conservé toutes les archives, objets et souvenirs qui constituent désormais les collections Bouglione : « Découvrir une partie des archives du cirque d'Hiver lorsque j'avais vingt-cinq ans m'a fait comprendre ce qu'était un artiste, et pourquoi on était artiste. » En novembre 1964, le cirque d'Hiver redevient une salle de cinéma pour un soir, à l'occasion de la projection donnée en avant-première de *Circus World* du réalisateur américain Henry Hathaway. Cette soirée est donnée pour aider et faire connaître la Société de secours aux artistes de cirque. L'actrice Claudia Cardinale rend hommage au cirque en se présentant en piste grimée en auguste. Enfin, le spectacle *Trapèze* présenté en 2001 au cirque d'Hiver est un hommage poétique au film. Au-dessus de l'orchestre, un écran fait renaître les premières images du film *Trapèze* et les haut-parleurs diffusent sa musique. Puis, à l'instant où Lancaster s'élance dans les airs, le porteur des Flying Condors s'envole à son tour.

Page de gauche : Sandrine Bouglione et « le clown le plus naturel au monde », Achille Zavatta, lors du tournage de *Trapèze* en 1952. **Ci-dessus :** L'actrice Gina Manès en dompteuse, dans *Une belle garce*, un film de Marco de Gastyne datant de 1931. Gina se prit d'une telle passion pour les fauves que, treize ans plus tard, elle voulut présenter les tigres chez Medrano... Le soir de la générale, elle fut grièvement blessée – les fauves ne faisaient pas du cinéma. **Double page suivante :** Le Cirque Bouglione, le seul à avoir eu l'autorisation de monter son chapiteau sous la Tour Eiffel ! C'est à l'occasion d'un gala au profit des enfants malades que Charles Boyer, Ingrid Bergman et Eddie Lamare se retrouvent aux pieds de la grande dame, en 1958.

BOUGLION

Galas et autres spectacles

À toutes les époques, de nombreux galas ont été donnés au cirque d'Hiver. Le gala de l'Union des artistes puise probablement ses origines dans une grande fête donnée au cirque de Paris en 1912. À l'époque, celle-ci est destinée à renflouer les caisses de l'orphelinat des arts, une œuvre de bienfaisance. Le Tout-Paris y participe en se faisant acrobate ou clown d'un soir. L'année suivante, le Nouveau Cirque accueille à son tour un spectacle au profit de la Société de secours mutuel des artistes lyriques. L'acteur Dranem est un auguste face à la belle écuyère Mistinguett ; Maurice Chevalier et Raimu s'improvisent acrobates au beau milieu d'une pantomime nautique. Max Dearly, fantaisiste et turfiste, participe au gala. Il est probable que ce spectacle lui donna l'idée de ce qui allait devenir le gala de l'Union des artistes en 1923. Donné pour la première fois au Nouveau Cirque le samedi 3 mars à minuit, ce Gala se veut une fête traditionnelle et l'une des plus brillantes de la saison. L'élite des arts et des lettres et de la société mondaine assiste à une représentation unique, où les artistes offrent leur concours à des œuvres caritatives. L'attrait du programme réside dans la participation des comédiens et des chanteurs les plus aimés du public à des exercices d'adresse, d'acrobatie ou de force, qui n'ont rien de commun avec leur métier : le théâtre et le cinéma descendent sur la piste du cirque.

Page de gauche : Jerry Lewis en bord de piste, grimé en auguste pour le gala de l'Union. **Ci-dessus :** Juliette Gréco, un soir de gala, face aux tigres Bouglione. Ce soir-là, on avait nourri les fauves avant le début du numéro, par précaution. Car, comme le dit Émilien Bouglione, « ce n'est pas d'entrer dans la cage qui est difficile, c'est d'en sortir... ».

Les apprentis artistes n'ont que quelques semaines pour s'entraîner, et c'est en pleine lumière et sans trucages qu'ils travaillent devant le public. Pour la première, Dranem enfile le costume d'auguste, Sacha Guitry prend celui d'illusionniste – le même qu'endossera quelques années plus tard Louis Jouvet – chapeauté par Max Dearly en Monsieur Loyal. Au final, les voici tous nageurs dans la piste-piscine. Les galas se poursuivent jusqu'à la fermeture du Nouveau Cirque en 1926, et le cirque d'Hiver de Desprez reprend le flambeau. Les grands espaces autour de la piste lui permettent de présenter des spectacles splendides et plus populaires. Les Parisiens redécouvrent l'établissement en pleine effervescence : le spectacle doit être prêt pour 20 h 30, tandis que le gala commence à minuit. Dominique Perrin devient le commissaire général de nombreux galas (il occupera cette fonction jusqu'en 1975). Il orchestre la venue des artistes et les oriente sur le choix de leurs numéros. Pour lui, l'essentiel est de renouveler la formule chaque année et de l'empêcher de vieillir. Les plus grands passent dans la sciure, de Juliette Gréco en dompteuse au comique américain Jerry Lewis ; de Sacha Guitry dans un numéro de puces savantes à Arletty, l'une des premières artistes du gala à faire travailler des dromadaires. Pour Marlène Dietrich, l'anecdote est savoureuse : la grande actrice veut participer au spectacle totalement incognito. Sans que personne soit au courant, pas même la famille Bouglione, elle endosse un bleu de travail de garçon de piste.

Ci-dessus : Alice Sapritch, le dompteur Franz Althoff et l'éléphant de Sampion Bouglione, au gala de l'Union.
Page de droite : Jean Marais et la cavalerie Bouglione, au gala de l'Union.

Émilien lui-même se plaint du manque de professionnalisme de ce manutentionnaire. Tandis que le gala se termine, Dominique Perrin la propulse sur la piste pour y dévoiler son identité. L'effet de surprise est total. Parfois, pourtant, le numéro est un fiasco. Au gala, on appelle cela un « fiacre », depuis le fameux numéro du même nom réalisé par Dranem et Chevalier... lequel fut un fiacre absolu ! En 1970, les invités du gala fêtent les cinquante ans de carrière de Jean Gabin en craquant une allumette dans les gradins en bois... Dans sa loge, Gabin pleure d'émotion. C'est au cours de l'un de ces galas, dit-on, que le prince Rainier eut l'idée de créer le festival du Cirque de Monte-Carlo. La première édition eut lieu sous chapiteau Bouglione en 1974. Vers 1930, seul le « bal des petits lits blancs » – spectacle donné au profit des enfants hospitalisés – peut rivaliser avec le gala de l'Union par le nombre et la qualité de ses vedettes. Sous le patronage des courses hippiques, le gala des courses se déroule à la même époque et suivant le même schéma, au cirque d'Hiver ou au cirque de Paris.

Page de gauche : Séquence en négatif d'une entrée simulée : Joseph Bouglione est dans le cercle, en compagnie de Pierre Étaix, Annie Fratellini et Franz Althoff. **Ci-dessus :** Émilien Bouglione au cirque d'Hiver, complimenté par le compositeur Manitas de Plata et le peintre Salvador Dalí.

LA PISTE aux ETOILES
La Piste aux Etoiles

La Piste aux étoiles

« Les artistes actuels veulent faire moderne à tout prix. Ils ne comprennent pas que le cirque, c'est un univers merveilleux, un conte de fées qui dure depuis trois siècles. » C'est dans cet esprit que Gilles Margaritis (1912-1966), homme de music-hall, artiste de cirque et pionnier de la télévision, crée en janvier 1952 son émission « La Piste aux étoiles », dans la magnifique salle du cirque d'Hiver. Chaque mercredi soir, quinze millions de spectateurs s'installent devant leur téléviseur pour voir du cirque ! Cette formule inédite conquiert donc un immense public. Artiste lui-même, Margaritis sait que le petit écran ne remplace pas l'odeur de la sciure ou l'atmosphère des gradins. Mais grâce aux contre-plongées et aux gros plans des caméras, il recrée une ambiance, filme les peurs et les rires, faisant découvrir le monde du cirque à ceux qui n'ont jamais osé ou pu y entrer. Roger Lanzac apparaît en Monsieur Loyal et annonce le programme qui commence par un grand défilé d'animaux. Pour les retransmissions télévisées, Margaritis choisit les plus grands artistes de la piste du cirque d'Hiver : le dompteur Henri Dantès, les lionnes de Jean Richard ou Zavatta... En janvier 1963, la famille Bouglione devient propriétaire du cirque Medrano, qui est au bord de la faillite, et le rebaptise cirque de Montmartre. Beaucoup de Parisiens déplorent alors le départ de Jérôme Medrano, qui lui-même se sent expulsé de sa maison. Émilien parle de cette période avec regret : « Aujourd'hui, il ne reste que deux témoins vivants de la reprise de Medrano. Et encore, on dira de moi que je suis partial. Pourtant, j'étais là. Medrano n'était pas propriétaire du cirque : il appartenait à la société Saint-Frères. Après la Libération, ma famille a racheté Medrano à Roger Saint. Et naturellement, le gérant devait payer le loyer. Mais Jérôme ne payait jamais. Oui, mon père le harcelait pour avoir le versement des loyers, mais jamais il n'aurait coupé l'eau ou l'électricité dans le cirque. Quand on a récupéré le cirque, il était en très mauvais état. L'intérieur tombait en lambeaux. Oui, les éléphants sont entrés dans Medrano, mais sans défoncer les portes. C'était la fin du bail comme stipulé dans le contrat, et nous faisions entrer nos animaux. J'ai souvent dit à ma famille qu'elle aurait dû ouvrir un droit de réponse du vivant de Jérôme Medrano. Maintenant, c'est trop tard... »

Page de gauche : Troupe de funambules. Les duos sur un même fil sont rares ; ici un numéro de « La Piste aux Étoiles », l'émission de Gilles Margaritis qui se déroulait au cirque d'Hiver. **Ci-dessus :** La cavalerie Bouglione enthousiasma aussi les téléspectateurs de « La Piste aux Étoiles».

CIRQUE D'HIVER
CIRQUE D'HIVER BOUGLIONE
Présente
SALTO
A PARTIR DU 22 OCTOBRE 99
Le Nouveau Spectacle du Cirque
BOUGLIONE
Location par téléphone : 01 53 94 59 10
par internet : www.omniticket.fr
CIRQUE D'HIVER : 01 47 00 28 81
SALTO
LOCATION OUVERTE de 11H 00 à 19H 00 tous les jours sauf le lundi
LOCATION
DE SALLES

Un « Salto » sur la piste :
un saut dans le IIIe millénaire.

La fin du XXe siècle marque un déclin des arts de la piste. Les grands cirques traditionnels doivent se renouveler pour survivre. Après 1984, le cirque d'Hiver devient une salle de location ; la comédie musicale *Émilie Jolie* ou *Astérix* remplacent la sciure et les paillettes. Le Nouveau Barnum, le cirque Archaos, le cirque du Soleil viennent trouver dans cette salle l'atmosphère surannée du second Empire. Les grands couturiers y défilent, de Givenchy à Jean-Paul Gautier, créant de somptueux décors et jouant avec les différents niveaux de la salle. Les hommes politiques – François Mitterrand, Jacques Chirac, Arlette Laguillier, Georges Marchais, Lionel Jospin, Humberto Ortega, le président du Nicaragua... – y enchaîchent meetings et réunions. Le gala de la presse fait venir le Tout-Paris, tandis que d'autres artistes choisissent cette salle magique pour faire leur tour de chant ou leur *one man show* comme Jean-Louis Aubert, Charles Aznavour, Guy Bedos, Jacques Higelin ou Claude Nougaro. En 1997-1998, prélude au retour des spectacles de cirque, Muriel Hermine a loué la salle deux années de suite pour présenter son spectacle aquatique *Crescendo*, pour lequel la piscine du cirque d'Hiver fut entièrement restaurée.

Un soir de décembre 1998, quatre jeunes hommes se groupent autour de Sampion Bouglione III, l'ancien dresseur d'éléphants, qui, avec ses frères, a repris la direction du cirque d'Hiver après la mort de leur père. Joseph, Nicolas, Louis-Sampion et Francesco incarnent la nouvelle génération Bouglione. Ils s'aventurent à dévoiler leur rêve : cent cinquante ans après Louis Dejean, ils veulent faire renaître un cirque familial, dans la tradition des grands cirques du passé, accueillant à nouveau de grands artistes sous la coupole de leur maison. La discussion est longue ; chacun a conscience des risques encourus à vouloir relancer une telle entreprise. Après quinze ans d'absence, le public sera-t-il au rendez-vous ? Mais lorsque le métier est une passion, la passion triomphe. Et après plusieurs heures de concertation, l'idée de produire un spectacle et de le mettre « en piste » prend forme dans la tête de ceux qui veulent égaler leurs aînés. Remonter une production ? Le chemin à parcourir est semé d'embûches : il faut renouer des contacts, trouver de bons artistes, faire la promotion du spectacle et engager une nouvelle équipe, de l'ouvreuse au trapéziste... L'envie est plus forte que le doute : il est temps de retrousser ses manches afin de faire entrer le cirque d'Hiver dans le IIIe millénaire.

Dans le long couloir des loges du premier étage de la rue Amelot, ils s'empressent d'occuper une minuscule loge d'artiste. Ils y placent deux bureaux et un téléphone fax et accrochent un calendrier. Beaucoup d'espoir accompagne ces gestes simples. Joseph relève le défi artistique. Artiste dès son plus jeune âge, fils d'Émilien et de Christiane Bouglione, il est directeur artistique du cirque Roncalli depuis plus de dix ans. Tout comme son père, il se plaît à inventer de nouvelles mises en scène tout en gardant le sens de la tradition. Le titre du spectacle est lancé, *Salto*, un saut dans le IIIe millénaire, comme l'annonce le programme. Son projet, Joseph le porte déjà au fond des yeux : *Salto* devra avant tout être un spectacle qui plaise au public. Un show élégant et esthétique réalisé dans le

Page de gauche : Avec *Salto* à l'affiche du cirque d'Hiver, c'est le retour des paillettes sur la piste Bouglione.
Ci-dessus : Un garçon de piste de l'École Fratellini dans un magnifique salto.

respect du public, par le choix de beaux numéros soutenus par un véritable orchestre de douze musiciens. Pour la lumière, il faut une sorte de « sculpture du songe », comme l'écrit Francis Marmande dans *Le Monde*, qui se pose sur le corps des artistes pour les illuminer et qui se colorise au contact du strass et des paillettes. Pour cette gageure, un seul nom : Martial Barrault. Ingénieur éclairagiste au cinéma et à la télévision, il multiplie les documentaires dans tous les pays du monde. Peintre et poète, Martial élabore des ambiances qui racontent une histoire, en jouant avec les ors et les lourds velours rouges de la salle. Ses idées fusent encore plus vite que sa lumière. Lorsque vient le moment de créer les éclairages, il s'enferme dans une loge et n'en sort pas pendant vingt jours. Chaque « gobo » – ou effet – est étudié avec beaucoup de soin et de finesse. Chaque numéro a le sien, et ce n'est jamais par hasard que la couleur se pose autour de l'artiste ; elle s'associe à sa gestuelle pour évoquer les saisons ou les quatre éléments, comme les gouttes d'eau ou le feu... Un bureau de production est comme une ruche bourdonnante ; on doit garder une vigilance sans faille sur ce qui s'y fait : Louis-Sampion, fils d'Émilien, Joseph, et Francesco, fils de Sampion III, s'en chargent. Ils vont s'acharner à faire vivre le spectacle, à mettre sur pied sa promotion et son administration. Cousin des protagonistes de cette aventure, Nicolas Bouglione s'occupe des questions techniques et de l'intendance. Un nouvel arrivant se joint à la petite équipe familiale, Xavier Aiolfi. C'est avant tout un ami : on en fera un administrateur de production et des relations publiques. Il y a maintenant moins de dix mois au compteur avant le premier *Salto*. Les débuts sont difficiles. Le plus dur est de ne pas céder au découragement et de retrouver une place dans le cercle du cirque traditionnel, à côté du « nouveau cirque » à la mode, qui entend s'en éloigner. Comme les jeunes Bouglione le conçoivent, cela peut se faire avec ou sans animaux, mais avec des numéros de pur cirque : « Les numéros se modernisent mais la performance doit exister, la mise en scène ne suffit pas », répète Émilien. En un rien de temps, des partenaires se proposent. Les affiches jaune, or et bleu rappellent les couleurs fétiches des chapiteaux Bouglione. La confection des costumes est confiée à l'atelier Véronèse : chaque garçon de piste, chaque ouvreuse a le sien, ce qui n'était pas le cas dans les années cinquante. On reprend l'uniforme à brandebourgs. Quelques mois avant le début de la saison, le cirque crée son site Internet. En juillet-août 1999, les « Juniors » rénovent le contour de piste et le mettent à la même hauteur que dans les années trente. Dans leur élan, ils ajoutent un décor sur l'avant-scène de l'orchestre, avec un drapé et des colonnes à l'antique, à l'entrée de la piste, côté public.

Ci-dessus : Le final réunit toute la troupe de *Salto*, avec au centre le clown Alberto Caroli et Petit Gougou. **Page de droite :** À la barrière, Sampion IV Bouglione et les garçons de piste, tandis que les artistes saluent le chaleureux public du cirque d'Hiver, dans le final de *Piste*.

Chaque génération doit apporter sa griffe pour exister : *Salto* en est la preuve. Au début du mois de septembre, la « prod », comme on l'appelle, déménage dans la loge dite « du festival », ancien bureau occupé par la production du Festival mondial du cirque de demain. Le décor est en place, il ne manque plus que les principaux artisans du succès : les artistes. Accueillir dans un cirque plus de soixante personnes et douze numéros n'est pas une sinécure. De nombreux pays sont représentés : la Russie, avec le jongleur Ruslan Fomenko, l'auguste de reprise Nico et son comparse ; la Chine, avec la troupe acrobatique de Shen-Yang ; la Suisse, avec Nadia Gasser et ses deux otaries ; la Hongrie, avec un numéro novateur de break-dance acrobatique ; la Belgique, avec Pat Bradford et son épouse, chorégraphe du ballet ; la France, avec Patrick Gruss Junior dans les « Jeux du Far West », Marina Bouglione à la corde lisse et J.-C Beauchamp au trapèze aérien. La partie comique a la part belle avec Petit Gougou et Mimi, dont le duo va faire un malheur. Le public s'imagine qu'ils sont partenaires depuis des années. En fait, il n'en est rien ! Joseph Bouglione avait engagé un autre artiste ; mais alors qu'il était annoncé dans toute la promotion, il lui fit faux bond au mois de juillet, soit trois mois avant la première. Le premier moment de découragement passé, il pense subitement à Alain André, dit Petit Gougou, qui vient d'achever une longue collaboration artistique avec Eddy Sosman. Le duo a connu un immense succès sur toutes les pistes du monde.

PAGE DE GAUCHE : L'ORCHESTRE, DIRIGÉ PAR TONY BARIO. CI-DESSUS : PATRICK GRUSS DANS LES « JEUX DU FAR WEST ».

Lorsque Joseph téléphone à Petit Gougou, ce dernier s'est retiré dans sa campagne, faute de contrat qui lui convienne. Après une brève discussion, il accepte avec enthousiasme de venir travailler au sein de la nouvelle troupe. Le personnage de « Monsieur Bouglione » est en train de naître. Joseph veut que *Salto* soit un spectacle enlevé, sans temps mort, avec un fil rouge dont la conclusion se termine après le final. Petit Gougou campe un directeur de cirque à l'ancienne, portant la veste à brandebourgs et le haut-de-forme, qui poursuit l'un de ses techniciens – en l'occurrence Mimi, qui multiplie gaffes et bévues. Les deux complices apparaissent entre les numéros et Mimi en profite pour présenter les siens, dont celui de la longe qui nécessite l'intervention d'une personne dans la salle. Chaque spectacle est l'occasion pour lui de peaufiner un effet comique. À l'arrivée du public, Mimi passe entre les spectateurs assis, prétextant la réparation d'un câble électrique. Ou encore il se rend au contrôle et prend un malin plaisir à nettoyer les vitres, l'occasion pour lui d'y mettre un sérieux désordre bien à lui, poussant dans tous les sens la « boîte à sel ». L'effet comique est immédiat, le public est conquis. Le directeur finit par chasser son insupportable garçon de piste. Mimi s'en va lentement, la tête basse et la valise à la main. Mais pour « Monsieur Bouglione » la scène est devenue trop triste : il le rattrape et le réintègre, sous les vivats de la salle. Une grande émotion s'empare des spectateurs qui ressentent une la réelle complicité entre les deux artistes. Bientôt, Mimi aura le bonheur d'être papa d'une petite fille dont le deuxième prénom sera... Salto. Le spectacle est alerte, il laisse à peine le temps au public de savourer son rêve, porté par l'orchestre dirigé par Tony Bario, héritier du célèbre trio de clowns du même nom. Trois compositeurs se sont occupés des arrangements musicaux, et c'est en studio que l'orchestre répète toute l'année. À chaque numéro, ce dernier est soutenu par un système de « cliqué » sur ordinateur qui donne au spectateur l'impression de se trouver face à un orchestre d'une vingtaine de musiciens. Le batteur a travaillé pour Charles Aznavour, tandis que les cuivres ont joué sur Canal + et dans le groupe Kassav. En 2002, un deuxième violon est ajouté, en plus de la violoncelliste. L'orchestre passe désormais à quatorze musiciens portant le frac, mais les instruments à cordes sont vêtus de cuir.

Page de gauche : Le final de *Trapèze* : le cercle se referme sous les applaudissements. **Ci-dessus, de gauche à droite :** La troupe des "Salto Dancers"; Régina Bouglione dans le numéro de Haute École ; la jeune génération des Bouglione sous le ciel de Paris (de gauche à droite : Sampion IV, Joseph et Francesco Bouglione). **Double page suivante :** Presque cinquante ans après le film *Trapèze*, les Flying Condors s'élancent du haut de la coupole du cirque d'Hiver.

De même, les « Juniors » remettent à l'honneur une vieille tradition : le corps de ballet. Au nombre de huit, les Salto Dancers sont des jeunes femmes venues d'horizons différents. Choisies sur casting pour leur grâce et leur talent, elles évoluent chaque année au gré d'une nouvelle chorégraphie – créée par Kate Smythe puis par Jane Adamick-Sansby en 2002. Plus de cent costumes ont été réalisés pour les danseuses depuis la reprise des spectacles en 1999. Chaque numéro est chronométré à la seconde près. Rien n'est laissé au hasard. Joseph Bouglione exige que chacun ait le même souci de perfection, du début à la fin du spectacle. Pour soutenir une troupe de plus de cent cinquante personnes, le bureau de production est devenu un état-major en campagne. Les problèmes sont chaque jour différents. De plus une grande piscine occupe l'une des cours pour les otaries de Nadia Gasser, et il faut tout prévoir. Les répétitions journalières donnent lieu à des scènes amusantes. Elles se prolongent souvent très tard dans la nuit, et, comme il est difficile de déranger les animaux constamment, il faut leur trouver des doublures. Un soir, par exemple, pour les otaries, ce sera deux des garçons de piste issus de l'école Fratellini, juchés sur des tabourets pour imiter les faits et gestes de ces mammifères marins. L'hilarité est générale, cela détend l'atmosphère et fait oublier le stress et la fatigue des derniers préparatifs. Malgré tout ce zèle, les débuts de *Salto* sont difficiles, le public est rare et les déceptions sont nombreuses. C'est le bouche à oreille qui bientôt remplit la salle. Beaucoup de personnalités se déplacent. Un seul ami manque à l'appel, l'acteur Hubert Deschamps, qui s'est éteint quelques jours après les premières représentations. Certaines visites ne manquent pas de surprendre : peu avant la calme séance d'un mercredi, l'ambassadeur d'Égypte se fait annoncer.

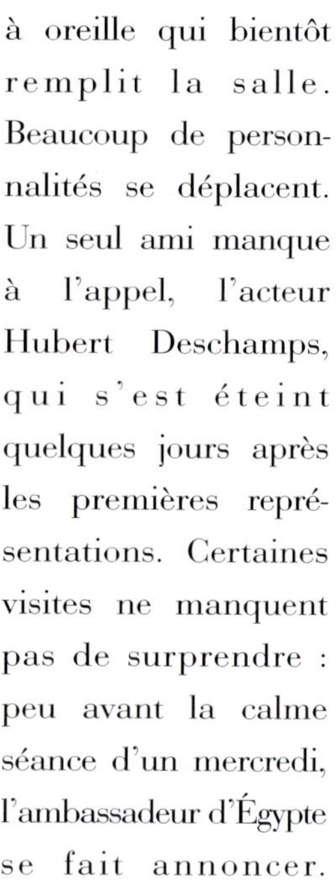

Ci-dessus : Denise Randol dans un exercice de Houla-Hoop, dans *Piste* (2000). Ce numéro traditionnel est renouvelé grâce à une chorégraphie moderne inspirée du film *The Crow*. **Page de droite :** Angelo Ballant, dans un numéro d'équilibre sur monocycle. Dans *Piste*, il y fait virevolter des cerceaux et tout un service à thé.

L'administration du cirque est très étonnée car celui-ci arrive entouré des membres des services secrets égyptiens. Pourquoi donc de telles mesures de sécurité pour un diplomate ? En vérité, le président de la République égyptienne, en visite officielle à Paris, désire y amener ses enfants ! Branle-bas de combat général sur la piste, d'autant que le numéro de Patrick Gruss avec ses « Jeux du Far West » doit être supprimé – l'artiste travaillant avec des revolvers chargés à blanc, les gardes du corps pourraient riposter ! Finalement, le Président ne vient pas, son agenda officiel est trop chargé. Les artistes participant à ce spectacle sont très soudés, les dîners de troupe se succèdent, et presque tous ont déjà eu l'occasion de travailler ensemble. La soirée de réveillon en particulier est un grand moment de bonheur. Après le spectacle, chacun va déposer un petit cadeau sous l'arbre de Noël planté dans un coin du bar ; le dîner est préparé et servi par Petit Gougou dont les talents culinaires n'ont rien à envier à ses talents artistiques. Émouvante ambiance que le dernier spectacle, après trois mois et demi de rêve, d'amitiés, d'espoir et d'émotion. Le lendemain, quelques artistes cherchent leurs marques dans la salle vide. Des équipes sont déjà en train de monter le matériel d'une journée de location... Tous s'enveloppent alors dans une brume de tristesse. En production, on pense fiévreusement au prochain spectacle. On lui a trouvé un nom : ce sera *Piste*. La troupe est renouvelée, mais l'esprit doit impérativement rester le même. Un spectacle dynamique au fil rouge novateur et au rythme incessant. De l'ancienne équipe seul restera Petit Gougou qui, dans son rôle d'un Monsieur Bouglione bougon et triomphant, a conquis les cœurs. Alberto Caroli, le neveu de Francesco Caroli, l'accompagne en clown blanc, ainsi que Sergueï, un comique russe de reprise. Joseph Bouglione met en piste un spectacle tout en finesse, avec l'orchestre de Tony Bario, dont le nombre de musiciens est porté à quatorze. Les « petits frères » – en italien « Fratellini » – font l'ouverture du spectacle : trois merveilleux acrobates issus de l'école du cirque Annie Fratellini. Juste après, Denise Randol donne une touche de modernité ravageuse, vêtue de cuir dans un numéro de Hula-Hoop, sur la musique du film *The Crow*. Irina Bouglione exécute un très beau numéro de rubans aériens, tandis que Sandrine et Thierry Bouglione font rugir leurs tigres et leur panthère en liberté. Hélas ! pour leurs deux tigres, *Piste* est le dernier spectacle : ils meurent tous deux, l'un de maladie, l'autre de chagrin. Le numéro de l'artiste russe Elena Panova est plein de poésie. Elle s'élance au trapèze volant sur une musique de Vivaldi. Habillé en garçon de café, Angelo Ballan fait virevolter tasses et cafetière sur sa tête, lui-même monté sur un monocycle. Sergueï, le comique de service aux cheveux ébouriffés, est le souffre-douleur de Gougou en Monsieur Bouglione. Amoureux de la violoniste, il tente inlassablement de la séduire et finit par la conquérir.

Page de gauche et ci-dessus : Aidyn Israfilov, du cirque de Moscou, jongle sur monocycle, imité par son habile partenaire, le macaque Gocha. Mais il ne faut jamais regarder un macaque droit dans les yeux...

C'est bras dessus bras dessous qu'ils repartiront au final... Les membres de la troupe de Shen-Yang closent le spectacle en faisant tourner des jarres au-dessus de leurs têtes. Dès les premières séances, *Piste* est un nouveau succès. Un effort tout particulier a été porté sur la promotion. Radio Nostalgie ne cesse de diffuser des spots et la presse se déchaîne dans une surenchère de superlatifs ! C'est la plus belle récompense que l'on puisse espérer. Et Sampion Bouglione senior d'avouer : « S'il y a de la beauté dans ce que nous faisons, c'est au public que nous le devons. » Preuve du succès de *Piste*, la générale rassemble les grandes vedettes du moment, et le téléphone ne cesse de sonner pour la réservation

des places. Ce deuxième spectacle est une réussite, le public y vient encore plus nombreux qu'au précédent. La piste du cirque d'Hiver a bel et bien retrouvé son âme, il faut continuer sur cette lancée. Troisième spectacle de la série, *Trapèze*, qui se veut un clin d'œil au film de Carol Reed tourné au cirque d'Hiver. Pour l'occasion, le tapis de piste est changé en faveur d'un tapis de coco de couleur rouge. Afin d'intégrer l'écran qui va être ajouté au décor, les colonnes, placées de chaque côté de l'orchestre, sont remises en l'état et redorées. De même, les pupitres de l'orchestre sont refaits en or et rouge avec en relief les initiales « CH », sur le modèle du seul pupitre d'origine conservé par les Bouglione. Pour la première fois depuis longtemps, un spectacle commence sur la musique de « La Piste aux étoiles ». Malgré son titre, le show n'est pas axé sur le trapèze volant et l'on y retrouve les principales disciplines du cirque : Petit Gougou y campe, pour la dernière fois, un Monsieur Bouglione amouraché d'une danseuse. Celle-ci est en fait l'une des deux « Sœurs Pillères », artistes de comédie et trapézistes, parodiant deux danseuses classiques. Sa partenaire joue l'épouse de Petit Gougou, qui, folle de jalousie, rend la vie impossible à son mari. Entre-temps, ce dernier est poursuivi par un orang-outang échappé de la ménagerie. L'animal, dont le costume en latex est fait sur mesure, n'est autre que Cindy Mossion. Formée elle aussi à l'école du cirque Annie Fratellini, elle était à la « barrière » – entrée des artistes – des deux précédents spectacles. Pour forcer le trait de Petit Gougou, Joseph Bouglione lui adjoint un valet de chambre, un *Butler*

Ci-dessus : Le clown Alberto Caroli et la girafe du cirque d'Hiver, dans une scène pleine de poésie. **Page de droite :** Formée à l'École du cirque de Moscou, Marina Bouglione renouvèle le numéro de la corde lisse, que, dans *Salto*, devient une véritable chorégraphie.

anglais incarné par Victor, *alias* Jean-Marie Kerwich. Alberto Caroli règne en clown blanc au côté de Petit Gougou ; ils sont assistés dans la partie comique par Francis Brunaud, dit Francesco, un poète grimé en auguste. Un jeune Russe, Aidyn Israfilov, et ses macaques Gosha et Rosny présentent un spectaculaire numéro de jonglage sur monocycle. Ces singes et leur dresseur fascinent le public. L'arrivée d'Israfilov en France a été riche en rebondissements. Après une foule de documents administratifs à remplir pour l'admission de ses animaux, le point d'orgue de ses tracas s'est produit à l'aéroport lorsque la compagnie aérienne russe qui les transportait les a carrément oubliés en soute lors de l'arrivée à Paris. L'avion est reparti pour Moscou avec les deux macaques à son bord ! Fort heureusement, après de nombreuses démarches, on est parvenu à faire revenir en France la précieuse cargaison. La famille Bouglione n'est pas absente de la piste puisque Régina, la sœur de Joseph, y présente un numéro de double haute-école avec le dresseur Philippe Arias. Joseph lui-même donne son numéro de fildeferiste tout en assurant la direction artistique du spectacle. L'exercice est épuisant, surtout dans les premiers temps. L'œillade au film *Trapèze* revient à la troupe des quatre trapézistes « Flyings Condors », qui présente un très beau numéro de trapèze volant sur la musique originale du film. Joseph y a ajouté la griffe Bouglione en commençant le numéro par une minute de projection du film. Les dernières images montrent Tony Curtis se balançant sur la barre. À l'instant où il va s'envoler, les lustres se rallument et le numéro commence sur la même musique. Le public est aussi surpris qu'enchanté. Aurélia Cats présente un numéro de trapèze fixe. Sans s'aider d'une longe, elle fait des contorsions à plus de 7 mètres au-dessus du sol, dans un costume léopard qui flatte sa belle plastique.

Page de gauche : Les Golden Pyramids. **Ci-dessus :** La troupe chinoise de Shen-Yang, sauteurs au sol. La tradition acrobatique extrême-orientale remonte à plus de deux mille ans. Il existe aujourd'hui en Chine plus d'une centaine de troupes. **Double page suivante, page de gauche :** Joseph Bouglione traverse le feu. **Page de droite, de haut en bas et de gauche à droite :** Une « Salto dancer » en clown blanc revisité et en vareuse à brandebourgs, comme les anciens dompteurs. Sandrine et Thierry Bouglione présentent un numéro de tigres et de panthères en liberté, entre dressage et magie.

Mais elle a été victime d'un accident – sans gravité – qui l'a empêchée de poursuivre son numéro quelques semaines avant la fin du spectacle. La représentation s'ouvre sur un numéro de saut à la corde effectué par une troupe du Kazakhstan, aux accents d'un air slave. Dans leur sillage, arrive Teina Toromona, un Tahitien descendant des guerriers mahoris, jongleur et danseur de feu. Dans la deuxième partie, le jongleur suisse Claudius Specht fait un tour de force avec des massues et des gobelets. Son numéro est atypique, car il est aidé par un mystérieux petit chariot noir, manipulé au moyen d'une télécommande dissimulée derrière le rideau, qui lui envoie masses et accessoires. La production s'amuse souvent à faire croire qu'un petit homme est caché au fond de la boîte pour la faire avancer. Le spectacle continue avec la troupe de Shen-Yang qui exécute un numéro de cerceaux acrobatiques, et il s'achève par la réconciliation entre le directeur et sa femme. Mais *Trapèze* subit le contrecoup de la guerre en Afghanistan : le public hésite à sortir pour aller au spectacle. Pourtant les derniers mois sont favorables à la production qui part de nouveau à la conquête de son public. Déjà on réfléchit au prochain spectacle, dont l'importance est éminemment symbolique puisque l'année 2002 consacre les cent cinquante ans du cirque d'Hiver. Dans cet établissement légendaire, on se prépare toujours à affronter de nouveaux défis et à recevoir des célébrités auréolées de mystère ou nimbées de nostalgie... Ainsi, Émilien Bouglione, qui les a toutes connues, confie-t-il aujourd'hui : « Plus je vieillis, plus je regarde le cirque d'Hiver. Quand j'étais jeune, c'était simplement ma maison. Aujourd'hui, je la regarde et je m'aperçois de ce que notre famille nous a laissé. C'est unique au monde. Je préfère avoir le cirque d'Hiver que le château de Versailles. » Si ces lignes sont les dernières que ce livre consacrera au cirque d'Hiver, son histoire, elle, continue et continuera de s'écrire. Sous ce ciel privé de soleil, le cirque traditionnel reste dans la lumière du cercle, là où le rire est la parade du courage et de l'exploit. Et maintenant, avant de tourner cette dernière page, nous aimerions vous dire que nous vous attendons dans notre Maison, simplement en reprenant ces quelques mots de Fernand Léger, que beaucoup d'autres ont dits après lui : « Allez au cirque. Rien n'est aussi rond que le cirque[1]. »

1. Fernand Léger. *La Grande Parade*, 1954.

Page de gauche : Le tahitien Teina Toromona se fait avaleur de feu, tatoué selon la coutume des tahitiens d'autre fois. **Ci-dessus :** Alberto Caroli et Yann Rossian, deux clowns pour un spectacle, *Le Cirque*.

Bibliographie sommaire

ADRIAN, *Histoire illustrée des cirques parisiens*, chez l'auteur, 1957.
ADRIAN, *Cascadeurs et casse-cou*, La Palatine, 1967.
ADRIAN, *En piste, les acrobates*, L'Encyclopédie du cirque, 1973.
ADRIAN, *Ce rire qui vient du cirque*, chez l'auteur, 1977.
ADRIAN, *Le cirque commence à cheval*, chez l'auteur, 1979.
ADRIAN, *Cirque au cinéma, cinéma au cirque*, chez l'auteur, 1984.
BEYLIE, Claude, « Charles Pathé », in *Dictionnaire du cinéma*, Larousse, 1986.
BLANCHART, Paul, *Firmin Gémier*, l'Arche, 1954.
DELANNOY, Jean « Les artistes du cirque Napoléon », in *Le Cirque dans l'univers*, septembre 1952.
SAINT-HILLAIRE VILLAIN DE, *Livret descriptif du Cirque Napoléon*, 1852.
DUPAVILLON, Christian, *Architectures du cirque des origines à nos jours*, Le Moniteur, 2001.
FRICHET, Henri, *Le Cirque et les forains*, Mame, 1898.
GARNIER, Jacques, *Forains d'hier et d'aujourd'hui*, chez l'auteur, 1968.
GIRARD, Louis, *Napoléon III*, Fayard, 1986.
JACOB, Pascal *La grande parade du cirque*, Découvertes Gallimard, 1992.
JACOB, Pascal, *Le Cirque*, Plume, 1996.
JACOB, Pascal, *Les Acrobates*, Magellan & Cie, 2001.
LÉOTARD, Jules, *Mémoires de Léotard*, S.Raçon, 1860.
MARGARITIS, Gilles, *La Piste aux Étoiles*, Solar, 1966.
MAUCLAIR, Dominique *Planète Cirque*, Balzac éditeur, 2002.
PRETINI, Giovanni, *Franconi e la nascita del Circo*, Trapezio Libri, 1988.
REMY, Tristan, *Les clowns*, Grasset, 1945.
SERRAULT, Michel, LEVY, P.R., *Les Fratellini*, Actes Sud, 1997.
THETARD, Henri, *Les dompteurs*, Gallimard, 1930.
THETARD, Henri, « Un glorieux centenaire », in *Le Cirque dans l'univers*, septembre, 1952.
THETARD, Henri, *Coulisses et secrets du cirque*, Plon, 1934.
THETARD, Henri, *La Merveilleuse Histoire du cirque*, Julliard, 1978.
VAUX, baron de, *Écuyers et écuyères*, J. Rothschild, 1893.
VESQUE, Marthe et Juliette, « La première du cirque Napoléon », in *Le Cirque dans l'univers* septembre, 1952.
VESQUE, Marthe et Juliette, *Le Cirque en images*, Maisonneuve et Larose, 1978.
ZAVATTA, Achille, *Viva Zavatta*, Robert Laffont, 1976.
Exp. musée Carnavalet, *Hittorff*, Musées de la Ville de Paris, 1986.
Exp. centre de l'Affiche ,*L'Affiche aux étoiles*, musée de Toulouse, 1999.

Les auteurs remercient chaleureusement Mme Gaynot, Adrian, Dominique Perrin, Guy Manetti, Catherine Chaillou, Richard Avedon, et la famille Endrey qui ont assisté à la réalisation de cet ouvrage.

Toutes les illustrations de cet ouvrage proviennent des archives du cirque d'Hiver sauf celle de la page 41 (musée Carnavalet, photothèque de la ville de Paris).

- Achevé d'imprimé en novembre 2002 -

Ci-dessus : Toute l'équipe de *Trapèze* réunie sur la piste du cirque d'Hiver.